勝負は午前2時に幕開け

87歳 現役デイトレーダー・シゲルさんの一日

時間	2:00	4:00	随時	20:00
やること	起床、コーヒーを飲む／マーケット・経済専門チャンネル「日経CNBC」をつける／米国株式市場をチェック	日本経済新聞を読む	軽食／入浴	就寝

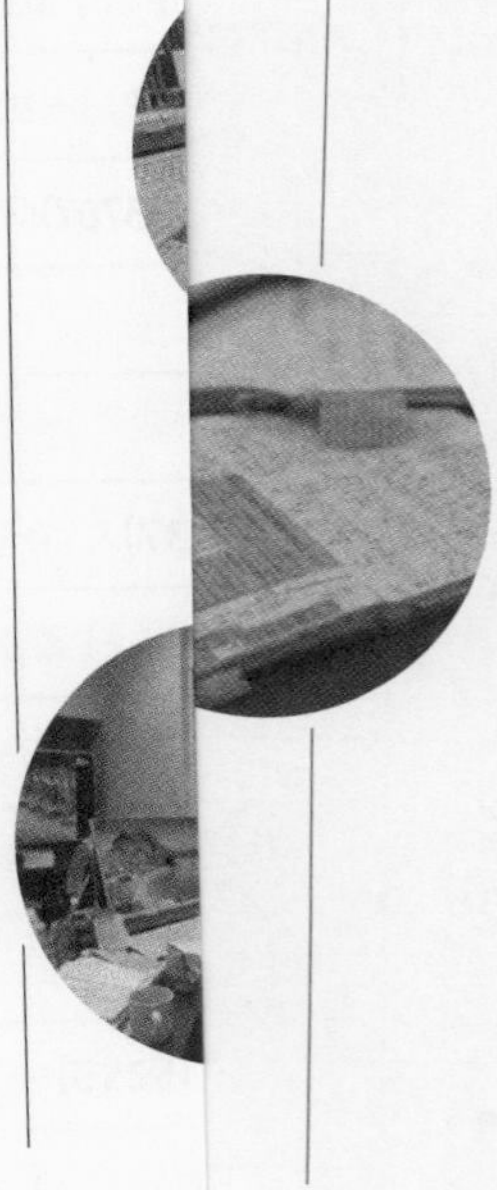

キリトリ

全部見せます！ 87歳現役デ

時刻	銘柄（証券コード）	株数	アクション
5:15	信越化学工業（4063）	500株	信用買い
5:45	小野建（7414）	1000株	返済買い
8:16	ニデック（6594）	1100株	信用買い
8:45	ジーテクト（5970）	1000株	信用買い
8:50	東海ソフト（4430）	1000株	返済売り
8:51	日本精機（7287）	2000株	信用買い
8:52	TAKISAWA（6121）	3000株	信用買い
9:03	信越化学工業（4063）	1000株	約定
9:07	プライム・ストラテジー（5250）	1000株	返済売り
9:08	ミライアル（4238）	1000株	新規買い／約定
9:10	岩井コスモホールディングス（8707）	1000株	返済買い
9:12	サンワテクノス（8137）	500株	信用買い
9:16	KPPグループホールディングス（9274）	3000株	信用買い
9:17	ジーテクト（5970）	1000株	約定
9:22	シライ電子工業（6658）	2000株	信用買い
9:24			約定
9:29	岩井コスモホールディングス（8707）	1000株	約定
9:33	東海ソフト（4430）	2000株	信用買い
9:38	TAKISAWA（6121）	3000株	返済売り
			一部約定（1000株）
9:44	QDレーザ（6613）	3000株	信用買い／一部約定
10:17	和井田製作所（6158）	600株	約定

資産18億円を築いた「投資術」

現役87歳、トレーダー シゲルさんの教え

藤本茂

ダイヤモンド社

87歳、現役トレーダー
シゲルさんの教え

藤本茂

1936年(昭和11年)、
二・二六事件が起きた年、
兵庫県の貧しい農家の家に
4人兄弟の末っ子として生まれた。

高校を出してもらってから、
ペットショップに就職。

そこでお客だった証券会社の役員と
株の話をするようになった。

そして19歳のとき、
3つの銘柄を買ったことが
株式投資の始まりとなった。

あれから68年、高度経済成長、
ブラックマンデー、バブル崩壊、
阪神・淡路大震災、リーマンショック、
東日本大震災、コロナショック
……時代の移り変わりと危機をこの目で見てきた。

テレビや雑誌では、
「日本のバフェット」と呼ばれることもある。

バブル崩壊では
10億円あった資産を
2億円まで減らしてしまった。

しかし資産が10億円まで増えて、
減ったとはいえ2億円も残ったのだから、
バブルには感謝だ。

87歳になったいま、
資産は18億円まで増え、
月6億円を売買しながら、
現役デイトレーダーとして
日々相場に挑んでいる。

お金を増やしたいのは二の次、
ただただ楽しいから
毎朝2時起きで株のことを考えている。

本を書くことになるなんて
思ってもみなかったが、
どうせ書くなら
読んでくれるみなさんの役に立ちたい。
だから、隠しごとなしに
日常生活から投資法まで全部書いた。

デイトレードは究極の〝脳トレ〟でもある。

ボケてる暇は
あらへんで。

目次

011

Prologue
87歳★現役デイトレーダー 018

Part 1
19歳で投資を始めて68年 023

貧乏暮らしの子ども時代 024
ペットショップで株に出合う 027
雀荘経営で月収200万円 031
転換社債にはまって専業投資家になる 036
資産10億円がバブル崩壊で2億円に激減 041
66歳で初めてパソコンを買いネット取引開始 045
シゲルさんが大切にする相場の格言① 「相場のことは相場に聞け」 051
コラム① 「時代を読む力」が大事 052

Part 2
80銘柄を月6億円トレード 057

デイトレードの4つの魅力 058
デイトレードの基本①「成行注文」と「指値注文」 064
デイトレードの基本②「現物取引」と「信用取引」 065
勝負は午前2時に幕開け 081
早朝の米国の値動きから日本の相場を予測 086
朝4時にインターホンが鳴るワケ 091
毎朝〝今日の勝負〟の当たりをつける 096

シゲルさんが大切にする相場の格言②「頭と尻尾はくれてやれ」 103

全部見せます！ ある日の取引 104
大引けしたらその日の反省 112
常時80銘柄ほどをトレード 115
パソコン3台・モニター3台で売買 120

シゲルさんが大切にする相場の格言③「売るべし買うべし休むべし」 126

コラム② 趣味はアンティークコイン集め 127

Part 3 投資歴68年 シゲル流「1：2：6」のルール

「増収・増益・増配」に着目 132
株の売買は「1：2：6」のルール 136
ビジネスモデルを理解して買う 140
デイトレードに向く銘柄・向かない銘柄 143
中小型株こそ主戦場 148
シゲルさんが大切にする相場の格言④ 「山高ければ谷深し」 154
「テクニカル分析」を重視する 155
「決算プレイ」に自信アリ 182
『会社四季報』を使い倒す 187
シゲルさんが大切にする相場の格言⑤ 「漁師は潮を見る」 191
コラム③ 毎朝の散歩で投資のヒントを拾う 192

Part 4

上がったら売る、下がったら買う 199

株価を動かすのは「材料」ではない 200
自分の勘と成功体験に頼らない 206
上がるはず、でも買わない 209
有名投資家の発言の裏には何かある 215
ナンピンは怖くない 219
シゲルさんが大切にする相場の格言⑥「半値八掛け二割引」 222
機関投資家との戦いは負けない 223
個人投資家だからこそ機関投資家に勝てるワケ 226
「仕手株」にはご注意を 229
ＩＰＯセカンダリー投資にも注目 233
損をしてもクヨクヨしない 239
日本株はもっと成長できる 241
シゲルさんが大切にする相場の格言⑦「人の行く裏に道あり、花の山」 248
コラム④ 多くの投資家は退場していく 249

Part 5

デイトレードは究極の〝脳トレ〟 253

株で勝つための「心・技・体」 254
年をとっても判断力は衰えない 258
「食」と「ペット」で疲れを癒やす 260
「儲けたい」あなたに問う覚悟 264
シゲルさんが大切にする相場の格言⑧「相場師は孤独を愛す」 269
コラム⑤ 先輩投資家ウォーレン・バフェットと私 270

Epilogue

株が好きなんや 274

87歳現役デイトレーダー・シゲル流
5つの投資術

① 午前2時起きで売買銘柄をピックアップ

毎日午前2時には起床し、経済ニュースや米国の株式市場、先物の動向などをチェック。好材料が出た個別銘柄を「今日の売買候補」としてピックアップする

② チャート・決算で銘柄の動きを確認

「今日の売買候補」となった銘柄の値動きをチャートや決算で確認。ローソク足やRSI(相対力指数)、MACD(移動平均収束拡散法)といったテクニカル分析を駆使して、売り場か買い場かを判断し、決算短信で「今後株価の上昇が期待できるか」を判断する

③ 指値・信用取引で注文

株式市場が開く前に、めぼしい銘柄について株価を指定して注文。市場が開く午前9時から10時までが最も値動きが激しく、注文数も多い時間帯。売買は可能な限り「信用取引」を活用する

④ わずかな上昇幅でも利確(利益確定)

1回の取引で多額の利益を狙わない。5円の値上がりでも5000株売れば2万5000円の利益となる。チャートや板の厚さを見て、買い時・売り時を逃さない

⑤ その日の取引を記録して反省

市場が閉まった後、その日の取引すべてをノートに記録。1つひとつの取引に対して適切なタイミングで売買できたかを反省し、次の取引に生かす

87歳現役デイトレーダー・シゲル流
「儲かる株」を見つける6つのポイント

決算で見るべきポイント

① 増収・増益になっているか?
デイトレードであっても、長期的に成長している企業であることが重要

② 増配になっている、あるいはその余地があるか?
「増配」は業績好調&株主を大事にしていることの証

③「PER」「PBR」は割安か?
PER15倍以下、PBR1倍以下が1つの基礎的な目安

チャートで見るべきポイント

④ ローソク足は「買い場」「売り場」を示しているか?
「5分足」「日足」「週足」をうまく使って値動きの流れを見極める

⑤ RSI(相対力指数)の数字は「売られすぎ」「買われすぎ」ゾーンにあるか?
RSIが「30」以下は買い、「70」以上は売りが基本

⑥ 売買が活発に行われているか?
「買いたいときに買う」「売りたいときに売る」ためには、ある程度の出来高が必要

Prologue

87歳★現役デイトレーダー

私は1936（昭和11）年生まれで、2023年で87歳を迎えた現役デイトレーダーです。

投資を始めたのは19歳のときだったので、投資歴は68年になります。とはいえ、別に投資歴を誇りたいわけではありません。好きで株をやっていたら、いつの間にかこの年数になっただけですから。

投資そのものについても、何かをお話しできる立場だとは考えたこともありませんでした。ただ、編集者が「シゲルさんの生き様、投資には魅力がある。68年間の投資経験でつかんだことをぜひ教えてほしい」と言うのです。

この68年で、たしかに時代は大きく変わりました。戦中・戦後のひもじい時代から高度経済成長期、バブルとその終焉、失われた30年……。そのすべてをこの目で見て、株を通じて感じてきました。

私自身、人生での浮き沈みはありました。仕事をせず、投資に専念するようになったのは1986年ごろからですが、バブル崩壊のあおりを受けて資金を減らしてから、あまり投資活動をしていなかった時期もあります。

また、神戸市に住んでいる私は、阪神・淡路大震災で被災。株を本格的に再開したのは、ネット取引を始めた2002年からです。

バブル期には資産を10億円から2億円まで減らしましたが、毎日デイトレードを続けた結果、いまの運用資産は18億円ほどまでに増えました。月の売買代金は約6億円に上ります。

「すごい」と言われることもありますが、私からすれば、これでもまだ十分とは思えません。私の生活は株を中心に回っていますから、その労力を思うと18億円でも見合うとは思っていないのです。だから、まだまだ死ぬわけにはいきません（笑）。

多くの人は、「お金を増やしたい」という思いから投資をしているんじゃないでしょうか。いまは政府も国民の預貯金を投資に回させるべく、さまざまな施策を講じています。

しかし、私が投資をしているのは、お金がほしいからではありません。ここまで続けてきたのは、ひとえに「株が好きだから」という理由に尽きます。

もちろん、お金を増やしたいという思いを否定するわけではありません。ただせっかく投資をするなら、楽しんだほうが絶対にいい。

私は「投資が好き」という気持ちが先にあったからこそ、いろいろと試行錯誤して勝負を続け、後からお金がついてきたのです。

私は何も特別なことをしているとは思っていません。近年になってテレビや雑誌、ウェブメディアからの取材が増え、ついには海外メディアからの取材まで受けるようになりました。しかし、当たり前のことをしているだけだと思っているので、なぜ取材されるのか、実はいまだによくわかっていません。

単に爺《じい》さんがネット取引をしているのが珍しいだけじゃないのかと思っています。

値が下がった株を買って、上がった株を売る。私がしているのは、ただそれだけのことです。それは68年前も、いまも、そして100年後も変わらない投資の真理だからです。

「本を出版してみませんか？」と言われたときも、最初は「本になんてならへんやろ。誰も買わへんよ」と言いました。それでも「87歳でデイトレードをしている人なんてそうはいません。本当におもしろいですから、その経験をみんなに伝えてください」と言われ、こうして筆をとった次第です。

唯一私がみなさんに胸を張って言えるのは、この本では私のすべてを惜しみなく公開しているということです。

株で儲けている人の多くは、「自分が儲けている」とは言いたがりません。偽名だったり匿名だったりして表に出ているような人も、自分が儲けを得るために発言するケースが多いですし、自分の失敗は隠したがります。

その点、私は自分を良く見せようとも思わないですし、何も隠しません。だからこそ、投資のやり方から日々の過ごし方まで、ありのままを書きました。

「投資をやったことがない」という人から「投資はやっているけれどもなかなか結果がついてこない」という人まで、参考にしてもらえるところはあるんじゃないかと思います。

投資は本当に奥が深く、おもしろいです。しかも、自分がやってみたいと思うなら、年齢は関係ありません。

この本を読んで、少しでも多くの人に「投資っておもしろそうだな」「自分ももっとがんばってみようかな」と思ってもらえれば、こんなに嬉しいことはありません。

どうかぜひ、最後までお付き合いください。

Part

1

19歳で投資を始めて68年

貧乏暮らしの子ども時代

私、藤本茂は1936年4月2日、兵庫県印南郡《いんなみ》阿弥陀村《あみだ》（現・高砂市阿弥陀町）に4人きょうだいの末っ子として生まれました。

実を言うと3月28日生まれなのですが、「早生まれは不利」ということで、戸籍上は4月2日生まれになっています。昔は、そんなことができたんですね。

一番上が9歳上の姉、次に6歳上の兄、その次が3歳上の姉、そして私というきょうだいです。

きょうだい同士が面倒を見ることは当たり前の時代でしたが、とくに一番上の姉は9歳離れていることもあり、私をよくかわいがってくれました。もうみんなこの世を去ってしまい、残されたのは私1人になってしまいましたが……。

1936年といえば、二・二六事件が起こった年です。その3年後に第二次世界大戦が始まり、9歳のときに終戦を迎えました。

私の生家は決して裕福な家庭ではありませんでした。実家は農家で、4反ほどの農地で米を作っていました。1反は300坪ですから、広いと感じられるかもしれませんが、専業農家としては、そこまで広いわけでもありません。

「五反百姓出ず入らず」（5反の農地を持っている農家は、お金が残りもしないが借金もしない）ということわざがあるくらいですから、4反だと生活はかなり厳しいです。

現在でも、1反だと米が600kgも収穫できたら御の字です。スーパーに行くと、銘柄によっては米5kgが2000円くらいで売られています。となると、1反で24万円。4反で100万円にもなりません。

あくまで店頭価格でその値段なのですから、中間マージンを差し引いた農家の収入は、微々たるものなのです。

そのうえ道具や肥料などの経費もかかります。そうするといくらも残りません。そんな状況で、きょうだいが4人もいたわけですから、裕福とは程遠い生活でした。

当時、「肉」といえば鶏肉でした。牛肉なんて、値段が高くて食べられません。

私の家を含め、周囲の多くの農家がニワトリを飼っていました。それは、農作業の工程で出た大量の野菜くずや糠《ぬか》を餌《えさ》に回せるからです。

ニワトリに卵を産んでもらって、その卵を食べる。そして、卵を産めなくなったら、そのニワトリを絞めて食べる。なので、贅沢《ぜいたく》といえば「水炊き」でした。

いまでも特別贅沢をしたいと思わないのは、当時の記憶が色濃く残っているからだと思います。

そんな時代でしたから、高校に進学したとしても、大学に進学するのはクラスで1、2人くらいのもの。私も大学には行っていません。

ありがたいことに高校には行かせてもらいましたが、卒業後の進路については、一番上の姉の夫の口利きで、ペットショップに就職することになりました。

姉の夫は税理士だったのですが、そのペットショップは義兄の顧問先の1つだったのです。「うちの税理士事務所で働かないか」とも誘われましたが、堅苦しそうな仕事は好きではなかったので断りました。

ペットショップへの就職が早くに決まったこともあり、高校生のときは、あまり勉強しませんでしたね。

ペットショップで株に出合う

就職先のペットショップは、神戸市中央区にある国鉄（現・JR）の元町駅の近くにありました。

神戸の街を訪れたことのある方ならわかると思うのですが、神戸を代表する百貨店・大丸のすぐ隣で、横浜でいう中華街に当たる「南京町《なんきんまち》」の入り口という一等地です。ちなみに、当時ペットショップがあったところは、いまはスイーツショップになっています。

南京町はいまでこそ有名な観光地になりましたが、私がペットショップで働いていた1950年代当時は、第二次世界大戦の神戸大空襲で受けた壊滅的な被害からまだ立ち直っておらず、神戸港に来航する船員向けのバーなどが立ち並ぶ退廃的な空間でした。

ペットショップで売る動物も、船員たちが国外から持ち込んでくる生き物を買い取ることが多かったのです。いまでは完全な違法行為ですが、当時はそれが普通でした。

株を始めたのは、そのペットショップのお客さんに証券会社の人がいたからです。カナリアの餌を買いに来た石野証券（現・ＳＭＢＣフレンド証券）の役員でしたが、雑談をしながらいろいろと株の話を聞くうちに「自分もやってみたい」と思うようになったのです。

もともと希少価値の高いコインを集めるのが好きで、なんとなく日本経済にも興味があったので、その延長線上といった感じでした。それに、動物好きな人に悪い人はいないですからね。

それから、石野証券に立ち寄り、株を買うようになりました。当時、企業の資金調達手段は銀行からの借り入れが基本だったので、株式市場はそれほど活性化しておらず、個人で株を売買している人は多くなかったように記憶しています。

少なくとも、いまのように個人投資家がたくさんいる状態とはかけ離れていました。

私が初めて買ったのは、「早川電機（現・シャープ）」「日本石油（現・ＥＮＥＯＳホールディングス）」「大隈鐵工所（現・オークマ）」の株です。

詳しいことは忘れてしまいましたが、たとえば当時の早川電機はテレビの本格的な量産を始め、「総合家電メーカーとしての発展」を打ち出したころでした。

きっとこれから伸びていくだろうと感じてはいましたが、その株で「どれくらい儲かったか」とか「いつ売ったのか」については、まったく覚えていません。

それは最近買った株でも同じです。取引が終わった直後には、その取引がよかったのか悪かったのかを反省する必要がありますが、それさえ終わればもう記憶に留めておく必要はありません。

「どれだけ儲かったか」を覚えているような人は、「どれだけ損したか」にも執着してしまうものです。すぎ去ったことに思いを馳《は》せても、ほとんどの場合、いいことはないですよね。

投資を続けていくためには、成功・失敗にかかわらず、あまり過去にこだわらないことも重要な秘訣なのです。

また、仮に早川電機の株を売ったときの値段を覚えていたとしても、いまとは貨幣価値が違うので、比べても仕方ないでしょう。

日本銀行（日銀）のホームページでは、1965年と2022年の1万円の価値を比較しているのですが、企業物価指数からみると、1965年の1万円はいまの2万3000円に相当します。

さらに消費者物価指数からみると、なんと4万3000円となっています。当時は1万円で買えたものが、いまは4万3000円支払わないと手に入らないということです。

私が投資を始めたのは1955年ごろですから、1965年よりもさらに現在の物価指数と乖離《かいり》があります。

私が株を始めたころの売買は、証券マンが取引所の立会場《たちあいじょう》で手でサインを出すことによって成立していました。いわゆる「場立《ばた》ち」と呼ばれる手法です。

ネット証券でしか取引したことのない若者にとっては、信じられない光景じゃないでしょうか。1970年ごろには、東京証券取引所（東証）の立会場だけで、計2000人くらいの証券マンがいたといわれます。

あのころは、ものすごく活気が感じられましたね。

立会場で見ることのできるサインも個性的でした。銘柄を伝えるにあたっては、N

TT（日本電信電話）であれば「電話で話すしぐさ」を、トヨタ自動車であれば「片手でカタカナの『ト』を書いてから両手でハンドルを握るしぐさ」をするわけです。

そのあと、「買い」か「売り」かの合図と株数・値段を表す数字をハンドサインで示します。よくあれで間違うことなく注文が通るもんだと思いましたよ。

この場立ちは1999年に廃止されましたから、もう見ることはできませんが、もう一度、あの光景を見てみたいものです。

雀荘経営で月収200万円

私は動物が好きなので、ペットショップの仕事自体は楽しかったのですが、給料が安いことには不満がありました。

当時、私と同じく高卒で働きだした同級生の初任給が1万4000円くらいだったのに、私の給料はたったの5000円。しかも、交通費は自腹です。

当時、交通費が月1500円くらいかかっていましたから、差し引くと3500円しかありません。1万円以上もらえる同世代の人たちが、本当にうらやましかったのをよく覚えています。

そこで、1年ほどでそのペットショップを退職し、**まだ20歳でしたが、国鉄の神戸駅の近くに貸店舗を借りて独立。その後、がんばってお金を貯めて、土地・建物を買い取り、8坪ほどのペットショップを構えたのです。**

独立して間もないころは交通費も惜しいですから、店で寝泊まりすることもよくありました。そのうち経営が落ち着いてから、結婚しました。

そうして独立してから15年ほどたった1970年ごろのある日、国鉄の神戸駅近辺の都市開発を行うということで、「ペットショップの土地を売ってくれ」との話を持ちかけられました。

話を聞いたところ、土地の評価額の約3倍にあたる1500万円で買ってくれるということだったので、喜んで売ることにしたのです。

ちょうどペットブームも下火になってきたこともあり、その提案は〝渡りに船〟でもありました。私のペットショップ周辺の7軒ほどの店が、土地の売却に応じたと記憶しています。いまその土地には、立派なビルが建っています。

また土地代に加えて、神戸市から営業補償などの費用ももらうことができました。悪知恵が働く経営者は、従業員の数を水増しして申請することもあったみたいですね。私はそんな悪いことはしていませんが、予想外の大金を手に入れたのは事実。その後数年は、あまり仕事をしませんでした。

しばらく経って「そろそろ仕事をしようかな」ということで、手元に残っていた資金で雀荘を開きました。

もともと麻雀は好きだったのですが、ある日、兄の知人が「喫茶店か雀荘でも開きたいなぁ」と呟《つぶや》いたのを聞いて、「これや！」と閃《ひらめ》いたわけです。

雀荘を開いたのは、神戸にある国鉄の摂津本山《せっつもとやま》駅のすぐそば。店自体はとっくになくなりましたが、いまも駅のホームからその場所が見えるので、電車に乗るときにはつい見てしまいます。

あたりには雀荘が1軒しかなかったので、客の取り合いになることもありませんでした。

当時は「モーレツ社員」なんて言葉があるくらい、長時間働くサラリーマンが多かった時代です。終電を逃したお客さんがたくさん来てくれました。「職場に近いから家に帰るよりもここで麻雀してたほうがええわ」などと言って徹夜で麻雀をして、そのまま出勤する人も少なくなかったのです。

おまけに、近くには甲南大学もあります。甲南大学はその前身が社長や華族の子女を受け入れる旧制7年制高校だったこともあり、裕福な学生が大勢いました。

それに、当時の娯楽の数は、いまとは比べるべくもありません。甲南大学の学生がきっと遊びに来てくれるだろうと考えたのですが、その読みはピタリと当たりました。いまでも、通ってくれた学生さんの顔と名前を思い出せます。女の子を膝《ひざ》に乗せながら麻雀をしていた金持ちの医学生もいましたね。

そういう面では、いまの若い人は昔の学生に比べてずいぶん真面目になったと思います。大っぴらに遊ぶことをしなくなりましたから。

いまでも時々、「彼らはいま何をしているんやろか」と思うこともあります。彼らのほうは、まさか雀荘の店主が、こうして株で取り上げられているとは考えもしないでしょうけどね。

というわけで、雀荘には昼は大学生、夜はサラリーマンがひっきりなしに来てくれたので、予想以上に繁盛しました。

最初に経営していたのは1店舗だけでしたが、お客さんが入りきらなくなってしまい、歩いてすぐの場所にもう2店舗開店しました。

店は24時間営業です。3店舗で計47台の雀卓を用意し、従業員は10人以上いました。個人経営の雀荘としては大規模なほうだと思います。

ほかの店で人数がそろわないときは、店主が入るケースも珍しくありませんでしたが、24時間営業ではさすがに体力が持たないので、私自身は接客に徹していました。

当時はコンビニなんかもないので、「お腹が空いた」とこぼすお客さんのために、私や女房が近くの飲食店まで焼きそばやお好み焼きを買いに行ったこともよく覚えています。

ただ、もう時効なので言えますが、「24時間営業」というのは風営法違反に当たります。とはいえ交番の警察官とも仲良くしていましたし、そういった営業が許される雰囲気がある牧歌的な時代でもありました。いまじゃ、とてもできないでしょうね。

雀荘を始めるにはそれなりの設備投資が必要なので、当初はそんなに儲けはありませんでしたが、多くの常連さんに愛されて、ピーク時には月200万円ほどの収入があったんですよ。

なかなかいい目を見させてもらいました。

転換社債にはまって専業投資家になる

順調に経営していた雀荘ですが、1986年に人に売り渡すことを決めました。そのきっかけが、「転換社債」の存在です。

19歳で株を始めたものの、そこまで株に多額の資金を回しているわけではありませんでした。

雀荘の経営も忙しかったですし、普通のサラリーマンが余裕資金で投資をするのと同じような感じで投資していました。

ただ投資のライバルだった中国人投資家に転換社債の存在を教えてもらい、「これはおもしろそうだ」と直感的に思ったのです。

転換社債というのは、「償還すれば社債であり、途中で転換すれば株式になる」というもの。株価が上昇すれば儲けものですし、下降したとしても額面どおりで償還されるので、リスクが低いのが特徴です。

転換社債は地味な存在かもしれませんが、マネーゲームの立役者となることもありました。

株であれば、上場企業の株式を5%以上保有した場合には、報告義務発生日の翌日から5日以内（土日祝を除く）に「大量保有報告書」を提出する義務があります。

ところが、転換社債は株式ではないため、どれだけ保有してもこの「5%ルール」には当たりません。

そこを利用したのが、「もの言う株主」として知られた村上世彰《よしあき》氏率いる「村上ファンド」でした。村上ファンドは2005年、阪神電気鉄道（阪神電鉄）の転換社債を人知れず買い集めたのです。

村上ファンドは同社が「多数の不動産」「阪神タイガース」「広大な鉄道ネットワーク」を保有していることに目を付け、まだまだ株価が上がるはずだと目論みました。

転換社債とは？

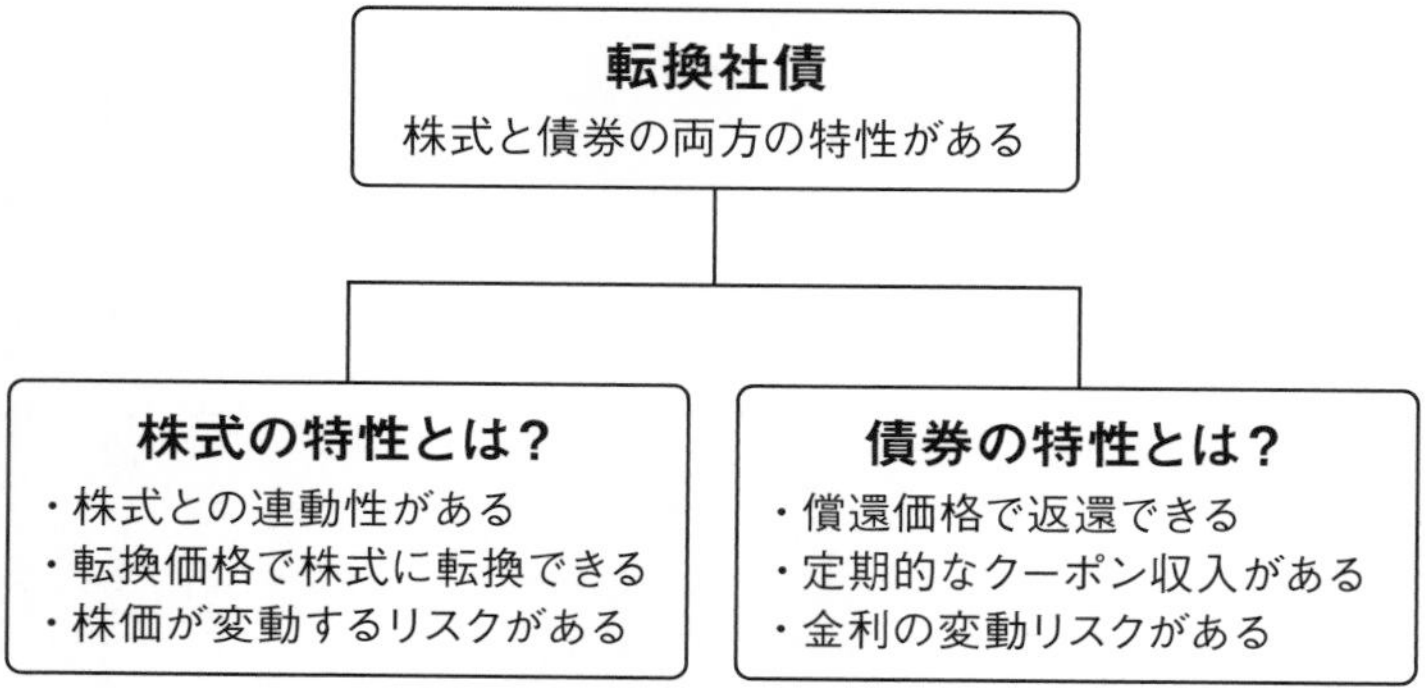
転換社債
株式と債券の両方の特性がある
株式の特性とは？
・株式との連動性がある
・転換価格で株式に転換できる
・株価が変動するリスクがある
債券の特性とは？
・償還価格で返還できる
・定期的なクーポン収入がある
・金利の変動リスクがある

転換社債価格とは？

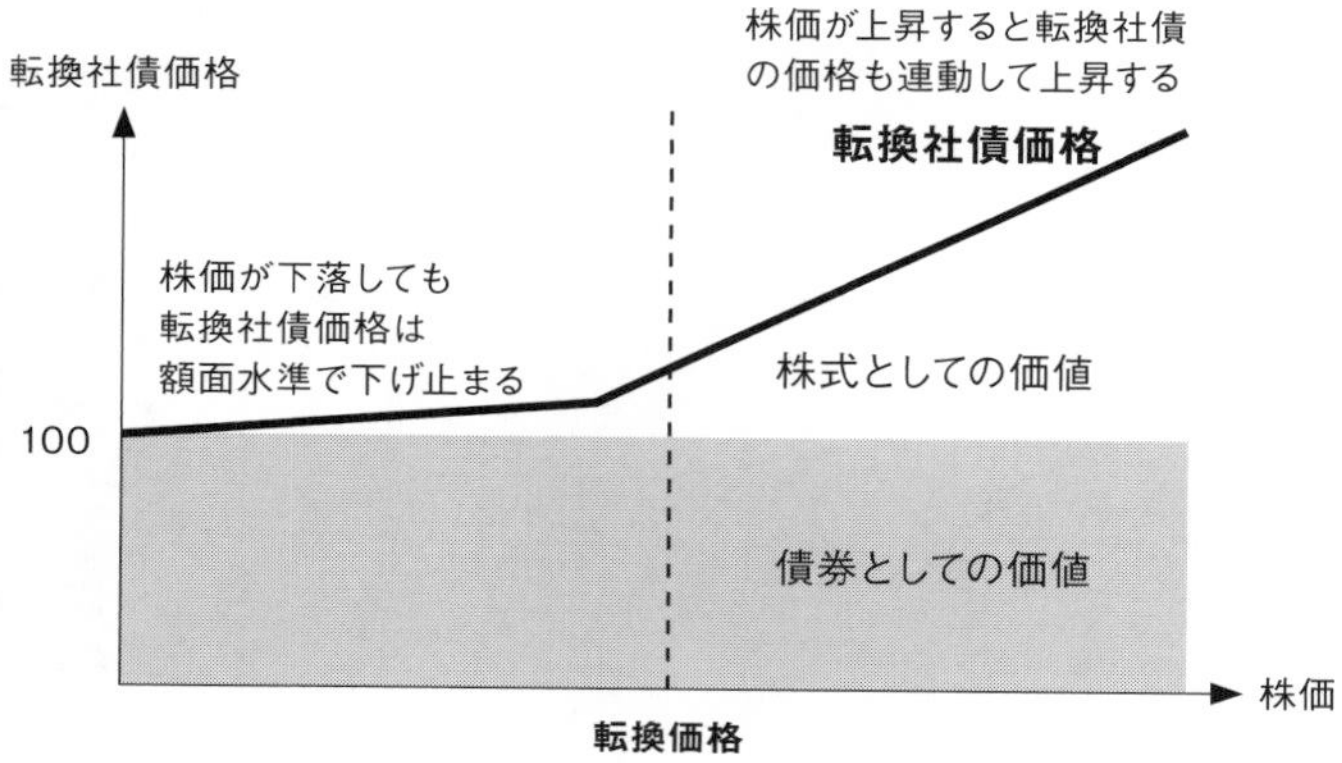
転換社債価格
株価が上昇すると転換社債の価格も連動して上昇する
転換社債価格
株価が下落しても転換社債価格は額面水準で下げ止まる
株式としての価値
100
債券としての価値
株価
転換価格

転換社債の投資家にとってのメリットとは？

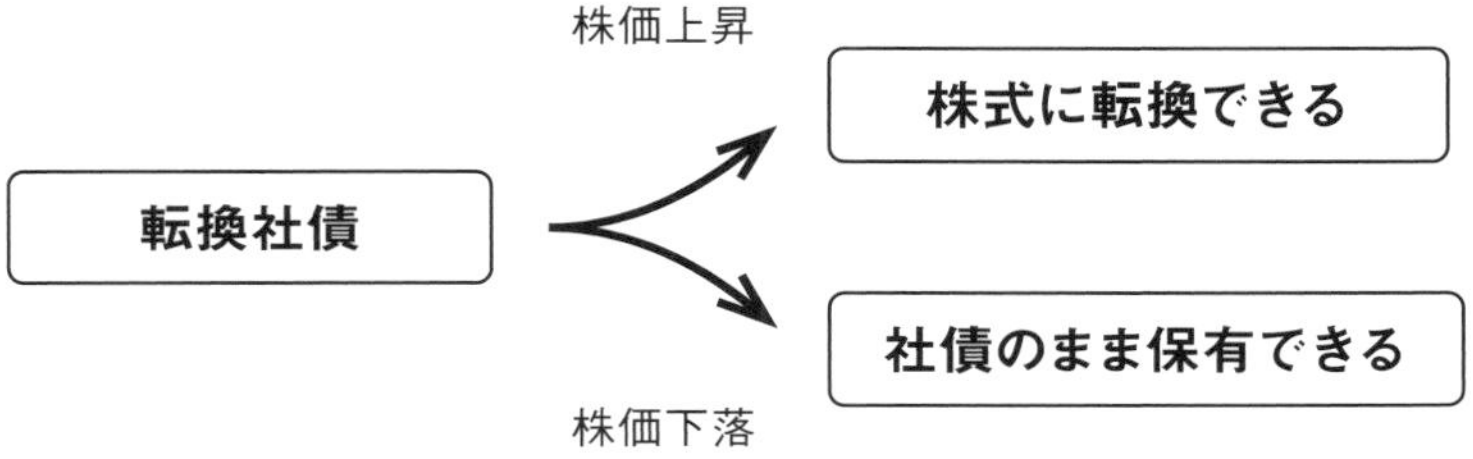

阪神電鉄の株価は、村上ファンドによる株式大量取得が明らかになる直前まで、転換価額を下回る状態が続いていました。そんな転換社債を、村上ファンドは相場より高い価格で全体の7割超に至るまで買い集め、一気に株式に転換したのです。

阪神電鉄の対応は後手後手に回り、最終的には阪急ホールディングス（現・阪急阪神ホールディングス）との経営統合を余儀なくされました。村上さんに対する世間の評判はさまざまですが、天才であることは間違いないと私は思っています。

そして、転換社債を知っている人間だけが、この一件のおもしろさに気付けたと思うのです。

また、私個人としては、転換社債を株式に転換することで出る「端株」に魅力を感じていました。この端株を当日の終値で会社に買い取ってもらうことができたのです。

私が覚えている限りでは、当時、社債から株に転換できる銘柄は2000ほどありました。そこに儲けのチャンスがあると踏んだわけです。

ただし結局、株というのは、元手の多寡《たか》がものをいいます。100万円を株に回し、10倍になったところで1000万円にしかなりません。

私が転換社債にかけると決めたとき、そんな小さな成果で満足する気はさらさらありませんでした。

そこで、「資金をどう工面するか」と考えたときに頭に浮かんだのが、常日ごろから「店を売ってほしい」と言っていた常連さんの存在です。

雀荘にはお客さんがすごく入っていましたから、「どうしてもほしい」と言う人がいたのです。**そこで、雀荘3店舗を6500万円で一挙に売却することにしました。**

資産10億円がバブル崩壊で2億円に激減

雀荘を売り、専業投資家になったのが１９８６年。その後、すぐにバブル景気が始まりました。

１９８５年に１万３０００円ほどだった日経平均株価は、１９８７年に２万円、１９８８年には３万円を超え、１９８９年に過去最高値である３万８９１５円を記録しました。**ちょうどこの時期に専業投資家になった私は〝バブルの波〟に乗り、資産はうなぎ上りに増えていきました。**

ただしこの間、景気の良い話だけではありませんでした。１９８７年10月には「ブラックマンデー」が勃発《ぼっぱつ》。ブラックマンデーとは、香港の市場を発端に世界の主要市場で株価が暴落した出来事です。

日経平均株価は、翌火曜日に前日比３８３６円48銭安となり、あらゆる銘柄がストップ安の状態に陥りました。私は女房に大阪の証券会社に行ってもらって、なんとか売れるだけ売ろうとしましたが、売買を受け付けてもらえませんでした。

当時のことはいまでも鮮明に覚えていますが、なす術《すべ》がなかったですね。

ただし水曜日には2000円以上値を戻し、半年後には株価が回復。そのままバブル景気に戻りました。いま振り返ってみれば、やはりバブル期の株価は異常でした。企業の実力以上に評価されてしまっていた面が多分にあると思います。

ただその渦中にいると、なかなか「おかしい」とは気付けないものです。そもそもバブルというものは、あとから振り返って、結果としてわかるもの。私自身も、バブル崩壊の足音に気付くことはできませんでした。

相場が崩れるときは一瞬です。「あー」と思っている間に株価はどんどん下がります。バブル絶頂期に10億円ほどあった資産は、バブルの崩壊時には一気に2億円ほどまで減りました。

相場は動くものだという覚悟はありましたから、どうしようもないほどのショックを受けたわけではありませんでしたが、それでもしばらくは投資に身が入りませんでしたね。

10億円あったものが、5分の1の2億円まで一気に減ったのですから……。そんなときに相場を張っても負けます。しばらくは、おとなしくしていました。

ただ本能的に「現金は持っておかないとあかんな」と思っていたので、バブルの崩壊時にはある程度、キャッシュを残していたことは幸いしました。

退場して二度と株の世界に戻ってこない投資家仲間がいたなか、大きく資産を減らしたとはいえ、2億円もあれば仕事をしなくても生活できます。

それからしばらくは片手間に投資をしながら、いろいろと遊び回りました。夫婦でスイスにも行きましたね。

そしてバブル崩壊の傷が癒《い》えないまま、さらなるショックを受けたのが、阪神・淡路大震災です。

1995年1月、神戸を最大震度7の激震が襲いました。6434人もの方が亡くなったのですが、なかでも私の住む神戸市東灘区は最も甚大な被害を受けました。

当時、私はマンションの1階に住んでいました。雀荘を売り渡した後も麻雀は好きでしたから、その前日も麻雀をして帰ってきて、いつもと変わらずに寝ていました。

そうしたら朝5時46分、ドーンと寝床から突き上げられたと思ったら大きく揺れ、あれよあれよという間に玄関部分がつぶれてしまいました。

阪神・淡路大震災では、マンションやビルの1階部分が倒壊・損傷するケースがあちこちで見られたのですが、玄関がつぶれたとなると、逃げる場所はベランダに面した窓しかありません。「急いで逃げなあかん！」と取るものもとりあえず、女房と2人で窓から逃げ出しました。

2人とも着の身着のまま、裸足で早朝の神戸の街を歩きました。途中で見かねた街の人からスリッパをもらいましたが、もう二度と味わいたくない経験です。

震災前から私の自宅に残っているものといえば、目覚まし時計1つしかありません。**私は当時から株の売買記録をすべてノートに記録していたのですが、その記録もすべてなくなってしまいました。**

私はわずか5年ほどの間に、バブル崩壊と阪神・淡路大震災という、人生でもそう味わうことがないような逆境を経験したわけです。

加えてその地震では、それまで私が世話になっていた菱光証券（現・三菱ＵＦＪモルガン・スタンレー証券）の社員も亡くなってしまいました。あれはつらかったですね。

その後しばらくの間、株に身が入らなくなった大きな原因でもあります。

私が住んでいたマンションは取り壊され、震災の2年後、同じ土地に新しく建てられたマンションをあらためて購入しました。震災後に土地分のお金は返ってきましたが、上物代は別でしたから大損害です。

とくに豪華なわけでも広いわけでもない普通のマンションですが、駅も公園も川も近く、立地が気に入っているので、女房と2人でいまも住み続けています。

66歳で初めてパソコンを買いネット取引開始

いったん投資から少し距離を置いた私ですが、2002年、本格的に投資を再始動しました。理由は、私が投資を始めたころからすると考えられないほど便利な「インターネット取引」と出合ったからです。

株をめぐる環境は大きく変わりました。1970年代に東証の株価表示が手書きから電光掲示板になり、証券会社にも大型ディスプレイで国内外の金融情報を映し出す「QUICK」が導入されました。

投資家はQUICKを確認するため、われ先にと証券会社に押しかけたものです。私も、QUICKを確認するため、国鉄の元町駅近くの菱光証券まで足しげく通ったことをよく覚えています。

売買注文は店頭か電話でしかできなかったのですが、1990年に東証にコンピュータが導入されると、徐々にコンピュータでの売買が普及するようになっていきました。その移り変わりを、私はこの目で見てきたわけです。

個人投資家が本格的にインターネットで株を買えるようになったのは、1998年の松井証券のサービスが最初です。私が始めたのは2002年、66歳のときですが、それでも結構早いタイミングだったと思います。

実のところ、私はネット取引を始めるまで、パソコンに触ったことはありませんでした。 そんななか、付き合いのあった岩井証券（現・岩井コスモ証券）の社員から、「うちの会社でネット取引を始めるので、やってみませんか」と連絡をもらったのです。

パソコンやらネット取引やら、さっぱりわからなかったのですが、よくよく話を聞いてみると、ものすごく便利で、そのうえ手数料も安い。「これはやらない手はないぞ」と思い、すぐに大阪・梅田のヨドバシカメラまでパソコンを買いに行きました。

店員さんの話を聞いて、画面が大きくて見やすそうなものを買い、そのまま自分で抱えて持って帰ってきました。

「これがしたい」と思ったらすぐに行動するのが、私のやり方です。

パソコンは、最初は2台でしたが、それでは足りないということで、いまは3台を駆使しています。3台あってもいろいろなサイトを行ったり来たりするので、もう1台あったほうがいいかなと、最近感じているところです。

ネット取引を始めてすぐ、「ネットでデイトレードをしている高齢者」ということで取材を受けました。そういう存在は珍しいのでしょうね。

高齢者のなかには、「もう年だからパソコンは使えない」という人が多いと思います。私自身、66歳から20年以上パソコンを使っていても、素早いタイピングはできません。人差し指でゆっくりと一文字ずつキーボードを押しています。また株以外の用途ではほとんど使いません。

パソコンを使いこなしているかというと決してそうではありませんが、「株取引」という目的は達成しているのでこれで十分です。

現在、私はデイトレードで、岩井コスモ証券の「信用限定1000回コース」を利用しています。同社の社員によると、私がこのコースの第1号の利用者だそうです。

手数料の安さには驚かされます。いまでも対面取引では、22万2000円超～100万円以下の取引で「約定《やくじょう》（売買が成立）代金の1・128％×1・1」、100万円超～500万円以下では「（約定代金の0・862％+2660円）×1・1」の手数料が取られます。

たとえば100万円の注文が約定すれば、1万2408円の手数料が必要になるわけです。

ところが信用限定1000回コースでは、月に1000回取引しても手数料は月額5万5000円ぽっきりです。

1000回取引すれば、1回当たり実に55円。実際には月に1000回売買することはなかなか難しく、最近は500〜600回くらいですが、600回だとしても1回当たり100円を切ります。私が知る限り、信用取引の手数料が1か月定額でできるのは、岩井コスモ証券くらいなものです。

おまけに、ときには問い合わせをしたいことも出てくるわけですが、岩井コスモ証券はそんなときもしっかり対応してくれます。

私が投資をするにあたって証券会社を選ぶ条件としては、「システムがしっかりしている」「手数料が安い」、それに加えて「サポートがしっかりしている」の3点に尽きます。

これを岩井コスモ証券は満たしています。

こう言っておきながらなんですが、私は基本的に、証券会社の人間を信頼していません。これまでさまざまな証券会社の社員が私のもとを訪れましたが、彼らは自分の利益になる商品ばかりを売りつけようとしてきます。知識も私よりぜんぜん浅い。

そんななかで岩井コスモ証券の私の担当者は、かなり頼りになる男です。証券会社の人間としては珍しい部類だと思います。いまの環境が続く限り、これからも付き合い続けると思いますね。

ちなみに、いまの同社社長は笹川貴生氏ですが、私がペットショップを売った相手は同氏の祖父である笹川良一氏が率いるグループでした。ご縁というのはあるものですね。

投資を始めるうえで何が重要かは、人によって違うと思います。私のように、月に何百回も取引をする人ばかりではないでしょう。そういう人は別のコースや違う証券会社を選んでもいいと思います。

回数が少ないうちは1回ごとの手数料の安い口座で取引し、回数が増えてくれば定額コースといったやり方もあります。いまは各証券会社の手数料競争が激しいですから、どの会社も手数料を下げてきています。

私にとっては岩井コスモ証券が一番ですが、自分のスタイルにあった証券会社を探すことは、長い投資人生の第一歩だと思います。

シゲルさんが大切にする相場の格言①

「相場のことは相場に聞け」

——思うようにいかないこともある、それも人生

「相場の行方は相場だけが知っている」という格言。頭でどれだけ考えていたとしても、そのとおりにいくことなんてそうはありません。ただ、だからこそ人生はおもしろいんじゃないでしょうか。意地を張りすぎず、思いどおりにいかない人生と相場を楽しむ心の余裕を持つことが重要です。

コラム①

「時代を読む力」が大事

株には「相場を読む力」が必要ですが、私の人生を振り返ってみると、「時代を読む力」もそれなりにあったのではないかと思います。

高校時代に就職先をペットショップに決めたとき、日本はペットブームの真っただ中にありました。1920年代には「熱帯魚ブーム」が起こりましたが、その後、戦争の影が色濃くなるにつれて「ペットを飼う」という余裕は日本人から失われました。神戸でいえば、1928年にできた諏訪山《すわやま》動物園も1951年に閉園しています。

戦争が終わり、少しずつ生活が立ち直り始めると、癒《い》やしを求めて多くの人たちがペットを求めるようになりました。いわゆる「ペットブーム」が巻き起こり、私がペットショップに就職先を決めたころには、あちこちにペットショップがありました。

諏訪山動物園も、移転して王子動物園としてふたたび開園しました。いまや王子動物園はパンダがいる動物園としても有名です。

私が独立して開店したペットショップにも、たくさんのお客さんが来てくれました。当時の売れ筋は犬やオウム、カナリアでしたね。犬は富裕層、小鳥は一般家庭で好まれました。そう大きくはない店でしたが、サルなどの取り扱いもありました。

サルやオウムは前述のとおり、神戸港に来る船員から買い取っていたんです。船員は世界各国を回るなかで、東アジアのボルネオなどでサルやオウムを安く仕入れ、日本で高く売るわけです。ちょっとした小遣い稼ぎですね。

オウムは岡山で繁殖させている人がたくさんいたので、そこまで買い付けに行くこともありました。

サルはオナガザルにオマキザルなど、いろいろな種類がいました。印象深いのはオランウータンですね。

珍しいので高く売れるはずだと思って80万円で買ってみたものの、なかなかオランウータンを買ってくれる個人はいませんでした。

そのため結局、15万円で動物園に伝手《つて》のある業者に売る羽目になりました。オランウータンと手をつないで神戸・三宮の一等地を散歩したこともありましたね。いまは法律が厳しくなっているので、とても無理な話です。

法律の締め上げに加え、1970年代にはペットブーム自体が下火になりました。都市開発による地上げという予想していなかった形ではありますが、経営が思わしくなくなる前に手放すことができたのは幸いでした。

雀荘を開いたのも、麻雀が一大ブームを起こす直前でした。麻雀は大正時代に第1次ブームが来たものの、やはり戦争の影響でいったん沈静化。その後、1969年に阿佐田哲也という小説家が『麻雀放浪記』の連載を始めたことで、第2次麻雀ブームが到来しました。

当時人気のあった深夜のテレビ番組「11PM《イレブン》」でも取り上げられ、麻雀の専門雑誌も創刊されました。**決して「ブームに乗っかろう」と思って始めたわけではないのですが、結果的に大成功を収めました。**

いまは全国的に雀荘の数が激減しています。雀荘では知人かそうでないかにかかわらず4人で卓を囲むわけですが、コロナの影響を受けて「知らない人と対面で卓を囲む」こと自体の需要も減りました。

昔は煙草を吸いながら麻雀をしていたものですが、喫煙の規制も厳しくなりましたしね。私が経営していた雀荘があった場所も、いまは飲食店や接骨院になっています。

株に専念し始めたのも、バブルの直前です。資産は10億円から2億円に大きく減らしましたが、バブルが来る前から始めていたからこそ、バブルが崩壊しても2億円の資産が残っていたともいえます。

ペットショップも雀荘も、始めるときもやめるときも、とくに悩むことはありませんでした。女房に相談もしていません。貧乏暮らしが苦でもないですし、たとえ何かが起こったとしても、きっとなんとかなるだろうという思いがありました。

「もうやらない」と思ったらスパッとやめる、「これがやりたい」と思ったらすぐに始める。このやり方が私の性分には合っているのだと思います。

女房もよく我慢してついてきてくれたものだと思います。普段、面と向かってはとても言えませんが、感謝しています。

Part 2

80銘柄を月6億円トレード

デイトレードの4つの魅力

私の投資スタイルは、「デイトレード」が中心です。株式投資では、1回の取引にかかる時間に応じて、4つに分類されることが一般的です（次ページ表参照）。

スキャルピングは、数分から数時間の間で取引を繰り返す投資手法です。スキャルプ（scalp）とは、「頭皮を剝《は》ぐ」という意味もあります。薄い皮を剝ぐように、わずかな利益を狙って取引を重ねていくことから名づけられました。

私自身も、3円や5円の値上がりで売買することもあります。ただし、**1回に数千株は取引するので、数円上がっただけでも数万円の利益を得ることができるのです。**

しかも、私は1回ごとに手数料がかかる仕組みではなく、前述したとおり、月に1000回取引しても定額のコースを使っているので、手数料を気にする必要もありません。

トレード時間から見た株式投資

トレード時間		スタイル
数分〜数時間	▶	スキャルピング
数時間〜1日	▶	デイトレード
数日〜数週間	▶	スイングトレード
数か月〜	▶	中・長期運用

デイトレードは、取引が終了する15時までに完結させる投資手法です。スキャルピングもデイトレードも、ずっと相場を監視しなければならないので、基本的には専業投資家が多いですね。

平日に仕事があり、チャートに張り付いていられないような人でも、朝に買い注文を出して昼休みに売り注文を出す、といったことは可能ではあります。しかし、大きく儲けることは難しいと思います。

加えて市場が開いている間はずっとチャートに張り付いている必要がありますから、集中力や忍耐力がない人も難しいでしょう。

スイングトレードは、数日間から数週間で取引を行う手法です。私の場合、決算またぎなどの場面で、ある程度の日数、保有することがあります。場合に

この証券口座では運用資産約14億円でトレード

コード	銘柄	市場	口座	預り区分	残高株数 売付可能株数 注文中株数 売付不能株数	概算簿価単価 (参考値)	現在値 前日比(騰落率)	概算評
1375	雪国まいたけ	東証	一般	代用	600 株 600 株 0 株 0 株	2,004.0 円	885 円 +16 (+1.84 %) 11:30 東証	53
1898	世紀東急	東証	一般	代用	200 株 200 株 0 株 0 株	- 円	1,509 円 +27 (+1.82 %) 11:30 東証	301
2060	フィード・ワン	東証	一般	代用	176 株 100 株 0 株	- 円	784 円 +1 (+0.12 %) 11:24	137

1,407,457,487 円

よっては、スキャルピングとスイングトレードまでを含めて「デイトレード」と呼ぶこともあります。

前ページの表の最後にある中・長期運用は、数か月以上の期間で運用するやり方です。私自身は、「デイトレーダー」といいながら、必ずしもその日のうちに売買を完結させるとも限りません。

基本的に保有している期間は短いですが、一日に同じ銘柄を何度も売買することもあれば、しばらくの間持っている銘柄もあります。なので私は、スイングトレードまでを含めた意味での「デイトレーダー」だと思ってもらえるといいでしょう。

加えて長期で保有する銘柄もあります。ただ長期保有の銘柄に関しては、基本的に短期的な値動きでは売買しないため、普段デイトレードで使っている岩井コスモ証券とは違う証券口座で管理しています。

私の資産構成の中心を占めるのは、岩井コスモ証券の口座において短期で売買している「小型株」です。この口座には、14億円程度の金融資産があります。

デイトレードといっても、「今日より明日のほうが値上がりするだろう」と思えば、日をまたいで取引することもしばしばあります。

よく投資界隈《かいわい》では、「デイトレードは危険」「デイトレードはやめたほうがいい」と話す人たちがいます。でも、ちゃんと勉強しさえすれば、デイトレードはおもしろいですよ。

ここで、私なりの**デイトレードの魅力**をわかりやすく紹介しておきましょう。

①自分の腕を試せる

私にとって、デイトレードをする一番の醍醐味《だいごみ》は、「自分の予想がすぐに結果となって表れる」こと。情報を仕入れ、チャートを読み、「これは上がる」「これは下がる」と判断する。その読みの結果が、すぐに株価として表れます。読みが当たれば、すごく嬉しいです。取引回数を増やせば増やすほど、自分の腕を試せる機会が増えるわけですから、私にとってはデイトレードをしているときが一番楽しい時間です。中・長期のトレードだと、そこまで自分の頭で判断する頻度は高くありませんからね。

②長期投資より利益を得られる

株価が上昇していく銘柄も、真っすぐ右肩上がりになることはまずありません。株価の上昇と下落を繰り返しながら上がっていくものです。そこで、下がったタイミングで買い、上がったタイミングで売ることで、長期投資よりも利益を積み重ねることができます。

③中・長期保有のリスクを避けられる

中・長期で保有した場合には、何か予想外のことが起きた場合に、株価が大きく下落してしまう可能性が高くなります。短期間のうちに取引を終えてしまい、新しく出た材料を加味しながら、あらためてまた買うかどうかを考えることで、リスクを減らすことができます。

④相場の動向に左右されない

2023年、日経平均株価は高値圏に突入し、とりわけプライム市場は全体的に上昇相場となりました。一方で中・長期投資の場合、下落相場に入ってしまうとじっと耐えることを強いられます。ただし下落相場中でも、一日のなかで株価の上下動はありますから、デイトレードであれば利益を上げることは可能です。また下落を見越して、後述する「空売り」で稼ぐこともできます。

デイトレードの基本①「成行注文」と「指値注文」

具体的な私の投資のやり方を説明する前に、デイトレードをするうえで欠かせない言葉の意味を説明しておきましょう。

ある程度、株式投資の経験があり、「そんなこと知っているよ」という人は読み飛ばしてもらっても大丈夫です。

逆にまったくの初心者で、「読んでもよくわからない」という人には、私の一日の取引を紹介した「全部見せます！　ある日の取引」（104ページ）を読んでからもう一度戻ってきてもいいかもしれません。

基礎的なことですが、株の注文方法には、**「成行《なりゆき》注文」**と**「指値《さしね》注文」**があります。

成行注文は株価を指定せずに注文を出す方法で、通常は注文を出したら、基本的にはすぐに約定します。一方の指値注文は、株価を指定して注文する方法です。この「指値注文」には、次のようにさらにいくつかの種類があります。

◎**寄指注文**《よりさし》▼前場《ぜんば》（午前中の取引）と後場《ごば》（午後の取引）の取引開始（寄り付き）時に「この値段であれば買う」という注文
◎**不成注文**《ふなり》▼指値で注文したものの約定しなかった場合、前場と後場の取引時間最後の「引け」に成行注文となる注文。一日中チャートに張り付いていられなくても、翌日への持ち越しを防ぐことができる
◎**逆指値注文**▼あらかじめ指定しておいた値まで株価が動いた場合に発注される。たとえば「1000円で買った株が800円まで下がったら売る」といったように、損切りのために使われるケースが多い
◎**指値＋逆指値注文**▼指値注文を出すと同時に、逆指値注文を行う注文

デイトレードの基本②「現物取引」と「信用取引」

これも基本的なことですが、株を売買するには、**「現物取引」**と**「信用取引」**の大きく分けると2つのやり方があります。

現物取引とは、現金で株式を売買する取引です。

一方の信用取引とは、証券会社からお金や株式を借りて売買する取引です。つまり、信用取引は手元にあるお金よりも大きなお金を投資することができるのです。

お金を借りて株を買うことを**「信用買い」**、株式を借りて売ることを**「信用売り」**といいます。基本的に株の急落時には信用買いが増え、急騰時には信用売りが増えます。

現物株の取引は、自分が持っている資金の範囲内でしかできません。そのため、信用取引に比べてリスクは小さいことがメリットですが、短期間で大きく稼ぐのは難しいといえます。また、基本的に「株が値上がりしたときだけ」しか利益を得ることができません。


次に信用取引についてです。信用取引は、**「制度信用取引」**と**「一般信用取引」**の2つの種類があります。

制度信用取引とは、金融商品取引所が銘柄を選定したもので、取引終了までの期間（返済期限）も6か月と決められています。つまり、どれだけ株価が上がっていても下がっていても、6か月後には証券会社にお金あるいは株を返さなければなりません。取

現物取引のしくみ

信用取引のしくみ

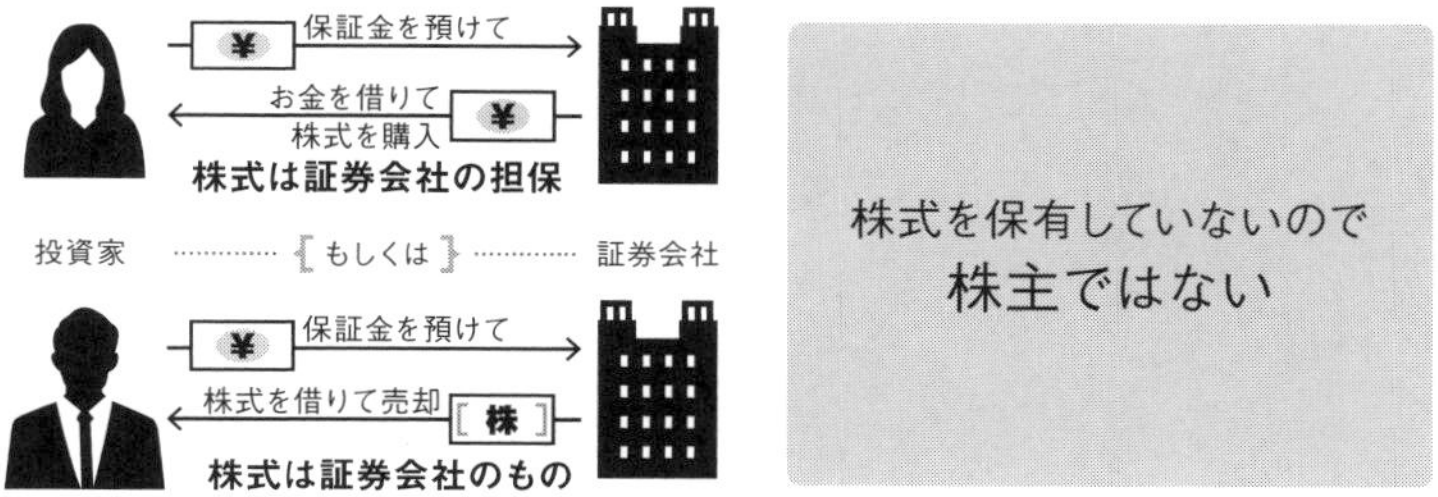

制度信用取引のしくみ

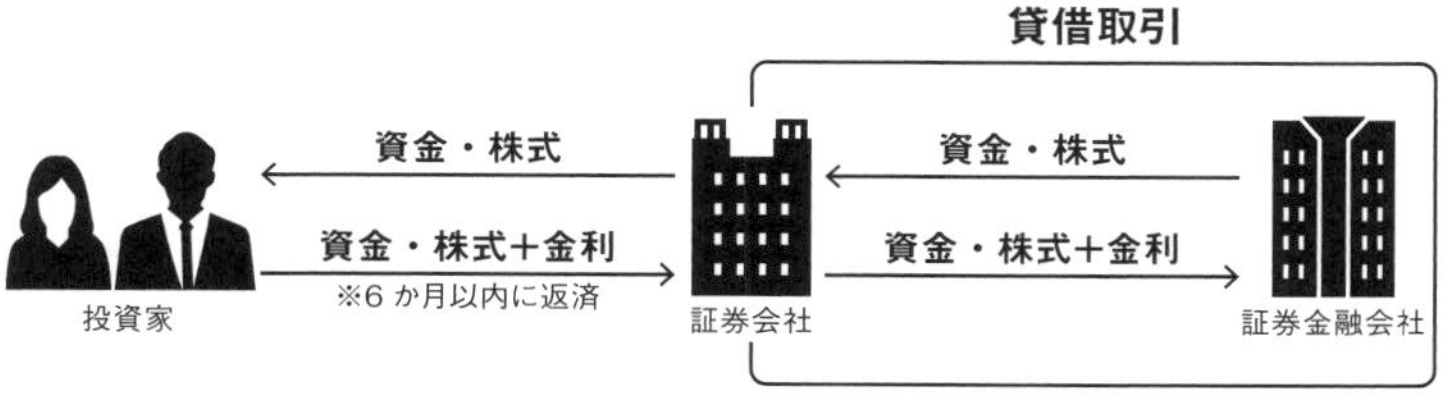

一般信用取引のしくみ

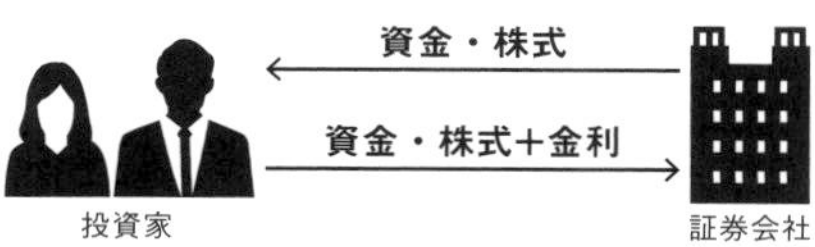

引される銘柄は**「貸借《たいしゃく》銘柄」**と呼ばれます。

これに対して一般信用取引とは、証券会社との間で銘柄や返済期限を自由に決定することができるものです。

いずれにしても、信用取引には現物取引とは違って返済に期限がありますから、その分リスクは上がります。タイミングによっては、売りたくないのに一番の底値で売らなくてはならない事態も発生しかねません。

銘柄数についても、現物取引ではほぼすべての上場銘柄で取引が可能なのに対し、信用取引では取引できる銘柄に限りがあります。

このように現物取引に比べて信用取引にはさまざまな制限がありますが、デイトレードで大きく資産を形成するうえでは、信用取引は欠かせません。

一般的に信用取引はリスクが高く、やってはいけない投資の代表格として語られることが多いのですが、余裕資金で運用するなら私はそうは思いません。だから長年、デイトレードで信用取引をしているわけですが、あえて一般的には否定されがちな信用取引のメリットを紹介しましょう。

①自己資金より大きなお金を動かせる

現物取引で100万円分の株を買うためには、当然ながら100万円の現金が必要です（取引手数料は除く）。しかし、信用取引であれば、元手となる資金の3・3倍まで取引することが可能です。

100万円分の株を買いたければ、30万円ちょっとあればいいという計算になります。100万円の資金があれば、330万円分の取引が可能なわけです。

現物取引と信用取引の両方で、資金100万円で1株1000円の株を買えるだけ買い、半年で2000円に値上がりしたところで売却するとします。手数料抜きで考えると、現物取引であれば1000株買えるため、1000円上がれば100万円の利益です。**一方で信用取引であれば、3300株買えるため、1000円上がれば330万円の利益を得られます。**同額の資金を元手にして、ここまで差が出るのです。

株価がゼロになることはまず考えられませんが、仮に信用取引をした銘柄の株価がゼロになっても、損失は元本の3・3倍までともいえます。

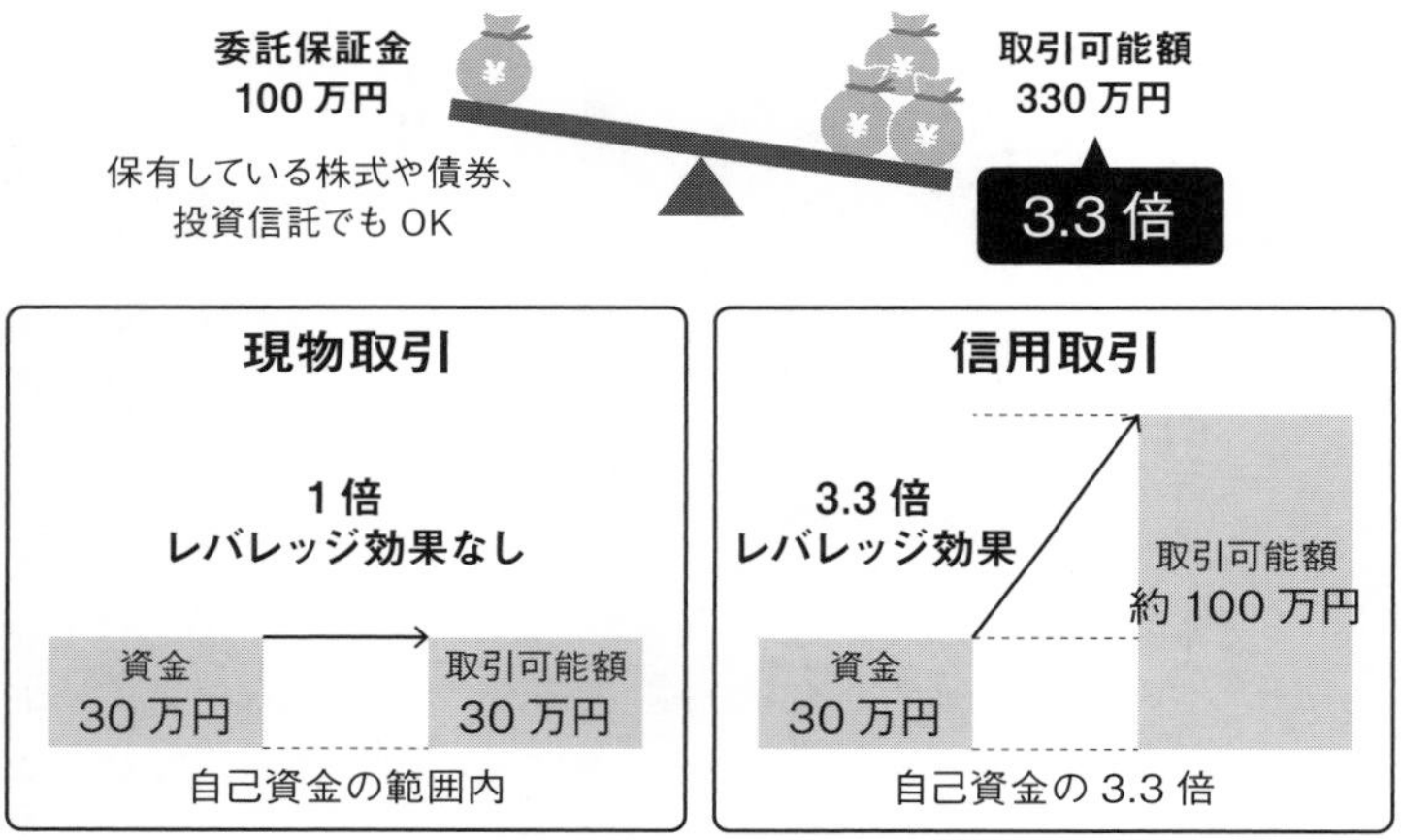

②手数料が安い

現物取引で必要な手数料は売買手数料のみですが、信用取引では売買手数料に加え、金利や株のレンタル料である**「貸株料」**、事務手数料にあたる**「信用管理費」**などの費用が必要となります。ただそれを踏まえても、売買手数料としては信用取引のほうが現物取引よりよっぽど安いです。

たとえば、私が利用している岩井コスモ証券の場合、現物取引の1約定ごとの手数料コースだと、500万円以下で一律1100円の手数料がかかります。一日定額制のコースでも100万円で880円、200万円で1760円、以降100万円増えるごとに880円ずつかかります。

貸株サービスのしくみ

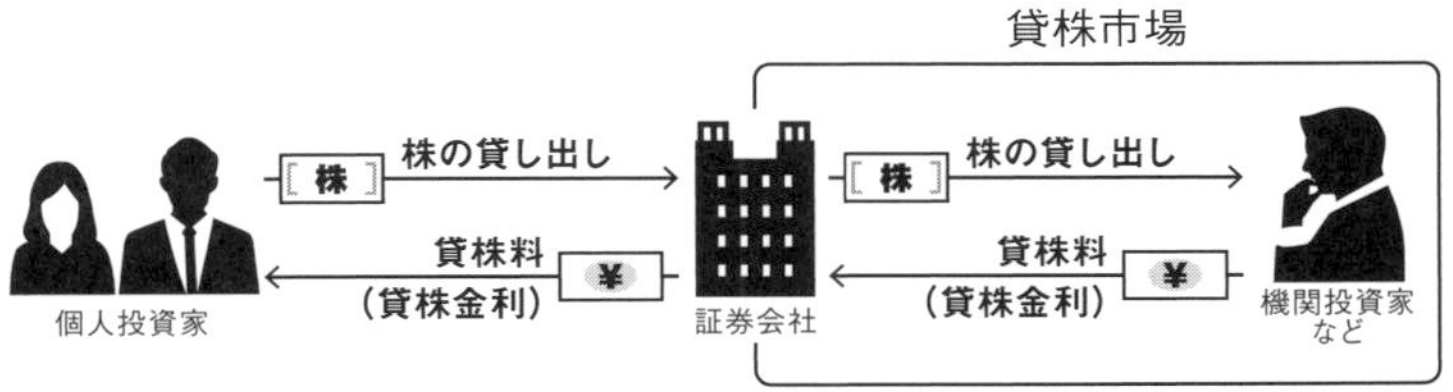

これが信用取引であればPart1で紹介したとおり、売買代金がいくらであっても1000回で5万5000円。1000回取引すれば1回55円、500回で110円です。現物取引と比べるとお得感がありますから、同じ銘柄を短期で売買するのであれば、信用取引のほうがいいと私は思います。

③一日に何度も同じ銘柄を売買できる

現物取引では、一日で同じ銘柄を何度も売買することは基本的にできません。一方、信用取引では同一銘柄を同日に繰り返し売買することができます。

私は多いときで一日に同じ銘柄を20回程度売買することもありますから、信用取引は必須となっています。

④「配当落調整金」をもらえる

初心者にはちょっと難しい話かもしれませんが、信用取引で買った場合には「株主」とみなされないため、**「配当金」**（株主に分配される現金配当）を受け取ることができません。その代わり、配当金の相当額として**「配当落調整金」**をもらうことができます。株の売買をするうえでは、この2つはほとんど同じものだと考えていいでしょう。

一番の違いが、税金の違いです。現物取引では配当金が**「配当所得」**という区分に分類されるのに対して、信用取引の配当落調整金は**「譲渡所得」**に分類されます。

配当金の税率は**20・315%**です。一方、配当落調整金は、まず配当金から**15・315%**の源泉徴収税額相当分が控除された金額が支払われ、そのうえであらためて、譲渡益税として20・315%が課税されます。実際にお金を受け取るタイミングは配当金とそうかわりませんが、配当金交付の数日後になることが多いようです。

配当落調整金は、配当控除については対象外となりますが、いずれにしても税の観

配当落調整金の受け取りまでの流れ

権利付最終日までに
信用買いで株式を買う

▼

権利付確定日

▼

おおむね決算日の3〜4か月後、
配当落調整金を受け取る

点だけで見たときには信用取引の配当落調整金のほうがお得なのです。

⑤値下がり局面でも利益を得られる

現物取引の場合、買った株が値上がりしたところで売り、値上がり益を得ます。株価が下がってしまった場合には損をするだけです。一方、信用取引では、株価が下がっても利益を出せる仕組みがあります。それが**「空売り」**です。

空売りは、証券会社から株を借りて売り建て、決済期日までに買い戻して株を返却し、その差額を利益とする取引です。つまり、空売りは「これから株価が低くなるだろう」という株を狙います。

たとえば、私が1000株の空売り注文を出したとします。1株1000円だとして、その後800円に下がったところで買い戻せば、20万円の利益となります。

もちろん、空売りには現物取引にはないリスクがあります。現物取引であれば、株価がたとえゼロになったとしても、投資額以上に損することはありません。しかし、**空売りして株価が急上昇してしまった場合には、投資した以上の金額を損することがあります。**

たとえば、値下がりを狙って1株1000円で1000株空売りした銘柄が、逆にズルズルと上がり続け、返済期限の6か月後に1株2000円に上がっていたとしたら、100万円の損失を被《こうむ》ります。

30万円の保証金（信用取引で売買するときに必要な担保金）で100万円の株を借りて空売りしたとしたら、それだけで70万円のマイナスになります。私自身、空売りで失敗してやられることもあります。それくらい難しい取引ではあります。

ちなみに空売りが大量に入っている銘柄で株価が急上昇すると、空売りした投資家は大きな含み損を抱えることになります。株価が下落すると予想して空売りしたのに、

「空売り」で利益を得るしくみ

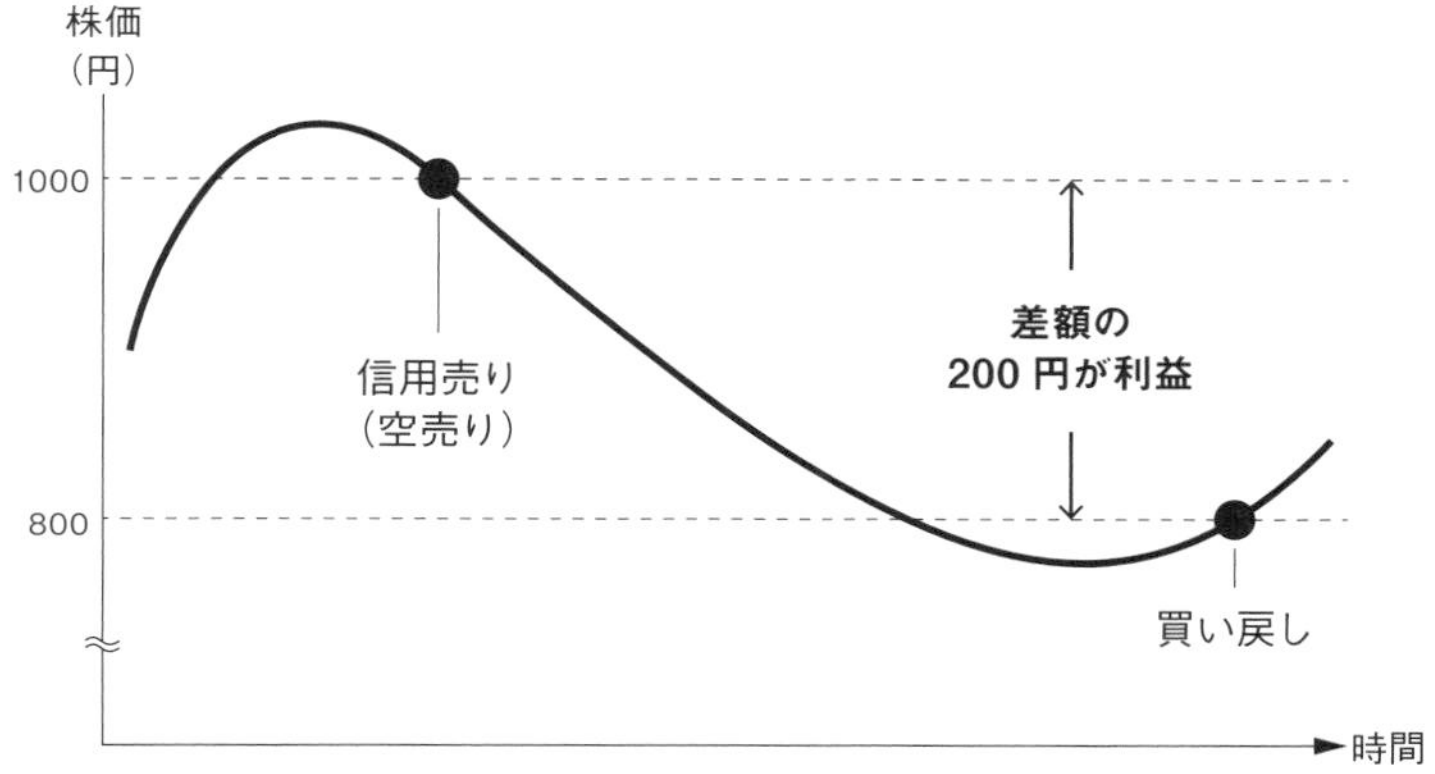

「踏み上げ相場」のチャート例

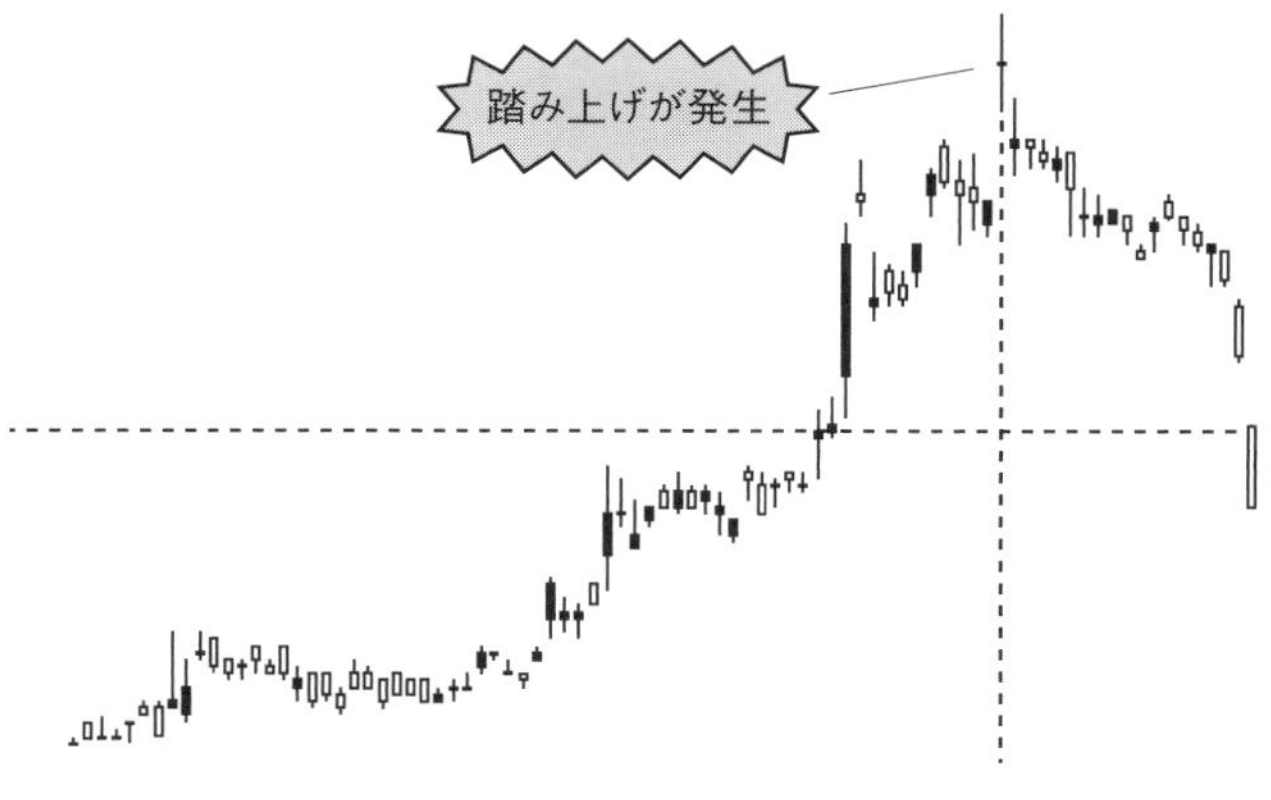

逆に上昇してしまったために含み損を抱えた状態です。

株価が下落しそうにないため、損することを承知でやむを得ず買い戻しが入ると、株が買われるわけですから株価はもう一段上昇します。

このような相場を**「踏み上げ相場」**といい、中小株でしばしばみられます。

⑥現引き（品受け）・現渡し（品渡し）ができる

ちょっと難しくなりますが、**「現引き」「現渡し」**も信用取引ならではの仕組みです。

信用取引では、借りたお金や株を証券会社に返さなければなりません。お金を借りた**「信用買い」**の場合、株を売って得た利益を返却する**「反対売買」**か、株を売らずにお金だけを返却する**「現引き」**があります。

この現引きを利用するのは、基本的に「株がまだ上がり続けると考えられるとき」です。信用取引では6か月で借りたお金を返さなければならない期日がやってきます。そこで、まだ上がりそうな株ではなくお金で支払うことで、株を現物株として持ち続けることができるのです。

しかも、この時点では「実現損益」は発生しません。実現損益が発生するのは、あ

現引き（品受け）のしくみ

現渡し（品渡し）のしくみ

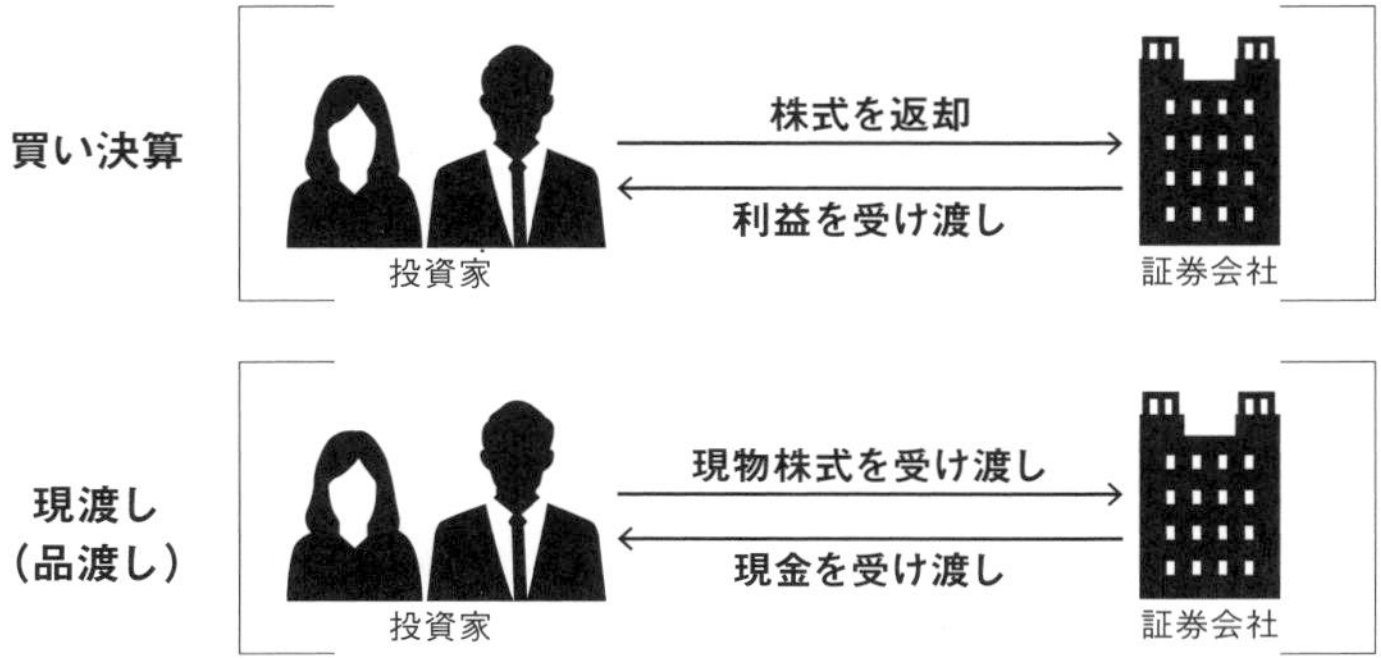

くまで現物株を売却したときに限ります。実現損益が発生しないということは、この時点ではまだ税金もかからないということです。

続いて株を借りた**「信用売り」（空売り）**の場合にも、株を売って得た利益を返却する「反対売買」か、お金ではなく現物株を返却する**「現渡し」**をすることになります。現渡しは信用買いと違い、「株が値下がりすると考えられるとき」に用いられることが多いです。

信用売りをする場合、証券会社は株を貸し出すと同時に、同じ額の株をいったん売却します。この値段が**「売り建て値」**となり、証券会社に返さなければならない値段となります。

この場合、73ページで紹介したように株価が下がるほど投資家は儲かります。一方で、現物株を持っている場合には、株価が下がればその分含み損が増大します。

こうしたときに現渡しを選択して現物株を手放すことで、お荷物の現物株とおさらばすることができるのです。

また、現物株を返却しているにもかかわらず、現物株としての売買手数料もかかりません。現物株を売却すると手数料がかかってきますから、現渡しすることで手数料をかからなくすることもできるわけです。

現渡しについては、よく**「つなぎ売り」**の場面でも用います。つなぎ売りというのは、「すでに現物株で保有している株が近々下落する可能性が高い」と思ったときに、信用売りを利用するというやり方です。

なお一般的には、現渡しするつなぎ売りが最も活躍するのは、**「株主優待」**をもらいたいときだといわれています。

株主優待の権利があるのは、現物株を持っている人だけですが、株主優待をもらえる権利が確定する日がすぎると、「もう権利はあるからこの株を売ってしまおう」と考える投資家が増え、株価が下落する傾向にあります。

そこで株主優待の権利を保持したまま、下落局面に備えて信用売りをすると考えるわけです。

私自身は、株主優待のためにつなぎ売りをすることはまずありません。コストと差し引きで考えたら、株主優待目的のためだけのつなぎ売りは割に合わないからです。

「これで得した」と思うのは、素人考えだと思います。

もしそのような手法で誰でも得することができるなら、証券会社はとっくにそのようなルールを改定しているはずです。そうしていないということは、結局、株主優待目的のつなぎ売りは、証券会社が儲かるようになっているのです。

――ここまでの説明で、株価が上がったときにしか利益を得られない現物取引と比較して、信用取引のチャンスはとても多いことがわかってもらえたかと思います。

もちろん、レバレッジをかけたり空売りをしたりと、リスクは現物取引以上にあります。それを否定するつもりはありません。しかし、過度に恐れる必要はないと私は思っています。

「信用取引は危険だ。やめたほうがいい」とよくいわれますが、岩井コスモ証券が日本取引所グループのホームページから集計した結果によると、**個人投資家の株取引の実に7割以上が信用取引とのことです。**

実はみんなやっているのに、声を大にして言わないだけなのかもしれません。

企業でも、無借金経営の会社は、なかなか大きくなれません。成長企業ほど、お金を借りながら大きくなっていきます。

もし自分の資産をある程度の短期間で大きく増やしたいと思うのであれば、信用取引をうまく活用していくのは、むしろ必須だといえるでしょう。

もちろん、現物取引以上にリスク管理に気を配ること、何かあったときでも自分や家族の生活を脅かさない程度のリスク範囲であることは重要ですが、それなりのリスクをとらなければ、自分が求めるリターンは得られないこともまた事実なのです。

勝負は午前2時に幕開け

日本の株式市場が開いているのは、午前9時から午後3時まで。正式には、午前9時から11時半の**「前場」**、1時間の昼休みを経て、午後0時半から午後3時までの**「後場」**です。前述したように、前場と後場が始まるタイミングを**「寄り付き」**、終わるタイミングを**「引け」**と呼びます。

この時間は3台のPCモニターを前に、刻々と変わる株価チャートや板を見つめながら、売ったり買ったりを繰り返す時間です。

87歳 現役デイトレーダー・シゲルさんの一日

時間	やること
2:00	起床、ストレッチ（10 ～ 15 分くらい）、コーヒーを飲む マーケット・経済専門チャンネル「日経 CNBC」をつける 米国株式市場をチェック
4:00	日本経済新聞を読む
4:20	昨日の取引履歴をチェック
5:00	（米国サマータイムでは）米国先物取引終了
6:00	日本先物取引をチェック 朝食
7:00	散歩
8:00	板の気配値を確認
9:00	株式市場・前場開始
11:30	前場終了 取引履歴をノートに記帳
11:50	昼食
12:30	株式市場・後場開始
15:00	後場終了 ノートに記帳 今日のトレードの反省
随時	軽食 入浴
20:00	就寝

どの株が上がるかを見極めるためには、取引時間以外の時間が非常に重要です。取引の準備をするため、私は毎日午前2時に起きます。働き盛りの会社員なら就寝するくらいの時刻かもしれませんね。

さすがに女房はまだ寝ています。もう何十年も目覚ましはかけていませんが、身体が覚えているので、時間になれば勝手に目が覚めてしまうんです。

午前2時に目覚めると、まずはストレッチをして体をほぐします。そして、リビングに行き、コーヒーを入れます。コーヒーにミルクと2種類の砂糖を入れるのが私のこだわりです。

コーヒーを入れるためにわかしたお湯の余りは、台所の床に垂《た》らして汚れを浮かし、キッチンマットで拭きます。コーヒーを入れるだけで床まできれいになるのですから、一石二鳥ですよね。

その後、リビングのテレビをつけて「日経CNBC」を流します。これは、日本経済新聞社と米メディアのCNBCが中核となって運営しているマーケット・経済専門チャンネルです。24時間経済情報を流しており、流し聞いているだけで、ある程度株

毎朝２時に起床すると経済専門チャンネル「日経 CNBC」で米国の相場をチェック

のことはわかるようになると思います。

まぁ、キャスターやコメンテーターは私より投資歴が短いわけですから、話半分で聞いていますけどね。私はこの日経CNBCを、朝2時から夜8時の就寝までほとんどつけっ放しにしています。

ただ朝の8時15分までは米CNBCのニュース、つまり英語でニュースが流れているので、その内容自体はよくわかりません。ダウ平均株価などがリアルタイムでわかるのでつけているだけです。

そしてパソコンを開き、米国の株式市場の様子をチェックします。米国の株式市場は現地時間の9時半から16時まで、これは日本時間にすると23時半から翌朝6時、サマータイムだと22時半から翌朝5時になります。

日中は日本株、夜に米国株の取引をしている人もいるようですが、私は日本株専門です。米国株もやりたい気持ちはありますが、とても時間がありません。

日本株の取引だけで一日がビッチリ埋まってしまうので、とても米国市場まで手を出す余裕はないのです。当然ながら、資料もすべて英語のため、読み込むのも難しいです。それに為替のコストがかかるのも煩《わずら》わしいですね。無理して手を出すものではないと個人的には思っています。

それでもなぜ米国市場を確認するのかというと、米国市場が日本市場に大きな影響を与えるからです。古くから、「米国がくしゃみをすると日本は風邪をひく」といわれてきましたからね。

日経平均株価とダウ平均株価、また東証株価指数（TOPIX）とS&P500の動きはある程度連動するといわれます。

最近は少し値動きが一致しないケースもありますが、参考にはなります。

早朝の米国の値動きから日本の相場を予測

あらためて、日米の主な指標の意味を確認しておきましょう。

米国

◎**ダウ平均株価** ▼S&Pダウ・ジョーンズ・インデックス社が米国のさまざまな業種から選出した代表的な銘柄の株価平均（大型株指数）

◎**S&P500** ▼S&Pダウ・ジョーンズ・インデックス社がニューヨーク証券取引所、NYSE American、NASDAQに上場している企業のなかから代表的な500社を選出し、算出したもの（大型株指数）

◎**NASDAQ総合指数** ▼NASDAQに上場している全銘柄を時価総額加重平均で算出したもの（ハイテク銘柄の指数）

◎**ラッセル2000指数** ▼ラッセル・インベストメントがニューヨーク証券取引所、NYSE American、NASDAQにおける時価総額上位30

00社のうち1001〜3000位の企業で算出したもの（中小型株の指数）

◎**SOX指数（フィラデルフィア半導体株指数）**▼フィラデルフィア証券取引所が半導体の製造・流通・販売を手がける企業を選出したもの

日本

◎**日経平均株価**▼日本経済新聞社が東証プライム市場に上場している企業のうち取引が活発で流動性の高い225銘柄を選出したもの

◎**東証株価指数（TOPIX）**▼日本取引所グループ子会社のJPX総研が東京証券取引所プライム市場上場銘柄の時価総額の合計と基準日の時価総額から指数化したもの

◎**東証マザーズ先物指数**▼成長企業向けの市場だった「マザーズ市場」に上場している銘柄を対象として算出したもの（2023年11月に「東証グロース市場250指数」に変更予定）

◎**日経平均225先物指数**▼日経平均株価を商品とした株価指数

ダウ平均株価やS&P500、NASDAQ総合指数は聞いたことがあっても、ラッセル2000指数やSOX指数を聞いたことがない人がいるかもしれません。

しかし、米国株や米国の景気を全体的に判断するには、ダウ平均株価やS&P500だけでなく、ラッセル2000指数やSOX指数などの指数もチェックしていく必要があります。

また日本株でも、日経平均株価ばかりがニュースで使われていますが、日経平均株価で使用されているのはプライム市場の225銘柄、つまり大型銘柄ばかりです。株式市場を全体的に判断するには、TOPIXや東証マザーズ先物指数も確認したほうがいいですね。

日経平均225先物指数については、実のところ私のようなデイトレーダーにとっては日経平均株価よりも重要といっても過言ではありません。

本来は「日経平均株価があって日経平均225先物指数がある」という主従関係にあるはずのものですが、実際には日経平均225先物指数の動きに日経平均株価が追随する形にあります。

日本株を売買しているのは、日本人投資家に限りません。日本の株式市場には多くの外国人投資家が参入しています。なかでも米国人投資家の割合が高いといわれますが、多くの米国人投資家は、米国株に投資したうえで日本株に投資しています。

そのため、米国株の調子がいいときは日本株も買われやすくなり、米国株の調子が悪いときは日本株が売りに出されやすいというわけです。

米国株が低迷していれば、米国人投資家はリスクの高い海外の株式を手放したくなるものです。このような流れがあるため、米国の株式市場を確認することが重要なのです。

もちろん、これはあくまで〝傾向〟にすぎません。短期的に見れば、日米の株価が異なる動きを見せることも決して珍しくはありません。実際、2023年は米国株式市場が低迷しているにもかかわらず、日本の株価はバブル期以来の高値を付けました。

加えて米国市場を見ることが重要な理由が、**ADR（米国預託証券）**の存在です。ADRとはAmerican Depositary Receiptの略で、米国以外の国の企業が発行した株式を

ADR（米国預託証券）のしくみ

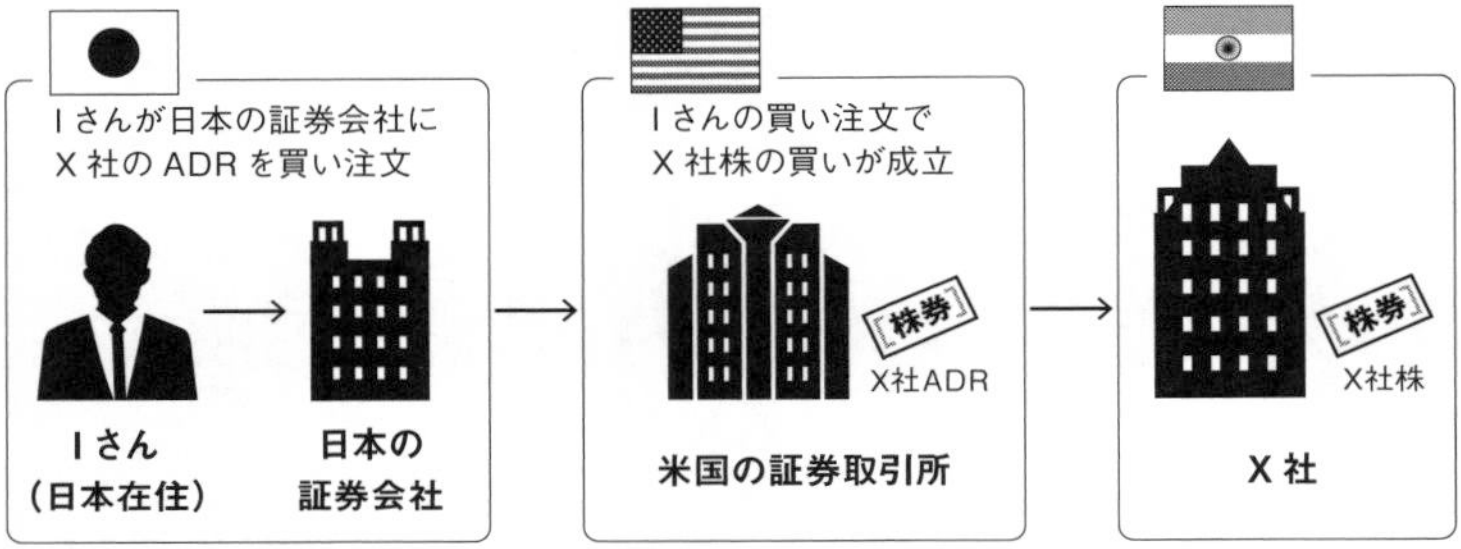

日本の証券会社が米国の証券取引所にIさんの買い注文を発注

X社のADRはインドのX社株の保有権そのものでX社のADRの買いによって、実質的にX社株を保有したことになる

もとに、米国で発行される有価証券を指します。

つまり、米国市場で日本企業などの外国株を買うことのできる仕組みなのですが、この制度を活用することで、EU（欧州連合）の先進国やアフリカの新興国の企業にも投資ができます。

ADRは厳密にいえば株式ではありませんが、実質的には株式と同じようなものです。日本人投資家が米国市場の取引時間に合わせて売買することが困難であるならば、同じことが日本株を売買したい米国人投資家にもいえます。

米国の株式市場と同じ時間帯で取引されるADRの制度により、米国人投資家も簡単に日本株の取引ができるというわけです。

日本企業でADRを発行しているのは、トヨタ自動車や武田薬品工業、ソニーグループといったグローバル企業です。このADRも株価指数と同じく、個別銘柄とまったく同じ値動きをするとは限りませんが、大きな参考になります。

米国で値動きが激しければ、日本でも似たような動きをします。つまり、日本の市場が開く前に、ある程度の値動きを予測できるというわけです。

ちなみにADR取引価格の上昇率・下落率は前日のADR取引価格に対してのものです。日本のマーケット終了からの価格に対してのものではありません。

私はどちらかといえば経済状況や企業の財務状況・経営状況などのデータをもとに将来の株価を予測するファンダメンタルズ分析よりも、チャートを見て買う株を決めるテクニカル分析を得意としますが、それでもある程度は相場全体の値動きを知っておくことが不可欠です。

朝4時にインターホンが鳴るワケ

ひととおり指数の確認をしたら、新聞で経済ニュースに目を通します。そこで銘柄にまつわるめぼしいニュースを見かけたら、その銘柄の情報を確認します。

朝4時ごろには日本経済新聞（日経新聞）が届くので、すぐに読み込みます。新聞は来る時間が日によってまちまちで、何度も「新聞届いたかな？」と確認するのは手間ですから、新聞を入れるときにインターホンを鳴らすようにしてもらっています。

ちなみに、私が66歳でネット取引を始めて、すぐ取材に来たのも日経新聞でした。電子版も購読しており、ニュースはパソコンでも逐一チェックします。

最近はネットでいろんなことを検索できますから、自分の持っている銘柄に関連するニュースだけをチェックするなら無料のネット情報だけで十分、新聞は必要ないと考える人もいるようです。

でも、私は有料の情報を含めて、ニュースを広くチェックしておくことは重要だと思いますね。

たとえば、わかりやすい例でいうと「トヨタ自動車の株価が上昇した」というニュースがあるとします。私はそのニュースを見ると、パッと「トヨタ自動車の関連企業の銘柄も上がるかも」と思い至るわけです。

毎朝4時ごろに届く日本経済新聞で保有銘柄の情報などをチェック(日経電子版も購読)

トヨタ自動車の関連銘柄にはデンソー、アイシン、トヨタ紡織、愛知製鋼、ジェイテクトなど、複数あります。たとえば、デンソー株を持っている人で、デンソーのニュースしかチェックしていないと、トヨタ自動車が好材料を出したときの値動きに出遅れてしまうかもしれません。

そうした意味でも、有料のものを含めて、世の中の情報を広く知ることは非常に重要なのです。

そして、朝5時、サマータイムだと米国市場での取引が終わるので、あらためてADRを中心とする米国株式市場の動きをチェックします。

米国市場の取引が終わるときには、市場関係者の大きな拍手がテレビ画面から聞こえてくるのでわかりやすいです。なんとも米国らしいですね。さらに朝6時には日本先物取引が終わるので、その結果もチェックします。

先物取引は、**「商品先物」**と**「金融先物」**に大きく分かれますが、あらかじめ定められた期日に特定の商品（原資産）を、すでに決められた価格で売買する取引です。

商品先物には、原油やガソリンなどのエネルギー、金やプラチナなどの貴金属、大豆やトウモロコシなどの穀物などがあります。

金融先物には、先ほど触れた東証マザーズ先物指数や日経平均225先物指数などの株価指数、中・長期国債先物などの債権、外国通貨や金利などがあります。

先物取引は手元のお金の数倍の金額の注文を出せることから、ハイリスク・ハイリターンの取引といえます。取引時間は**「日中取引」**と**「夜間取引」**に分かれ、日中取引は8時45分から15時15分、夜間取引は16時半から翌日の朝6時までとなっています。

いろいろとある先物取引のなかでも、私が確認しているのは「日経平均225先物指数」の値段です。日経225先物取引とは、原資産が「日経平均株価」である株価指数先物取引を指します。

私は先物取引をやっているわけではありませんが、株価に影響を与える1つの要素として、具体的に説明しておきましょう。

いまの日経平均株価が3万円だとして、「満期日には3万3000円くらいになっているはずだ」と考え、「日経225マイクロ先物」を3万円で買い付けたとします。このとき必要な資金は証拠金となる3万円だけです。

日経225マイクロ先物は取引単位が10倍、1枚当たり取引額が日経平均3万円の場合、30万円となります。

そのため、予想どおり日経平均株価が上昇し、3万3000円の値を付け、そこで決済したとすると、「(3万3000円－3万円)×10＝3万円」の利益を得ることができます。**つまり、3万円しか手元になかったのに、3万円を儲けることができるというわけです。**

もし予想に反して日経平均株価が下落し、2万7000円の値を付け、そこで決済したとすると、「(2万7000円－3万円)×10＝マイナス3万円」となり、投資した

3万円を失うことになります。

夜間の値動きは、午前9時から始まる株式市場にも大きく影響を与えます。たとえば夜間の先物が100円高で終わったとすれば、「おそらく今日の日経平均株価は高く始まるだろう」とみることができるわけです。

ちなみに、朝もいろいろとしなくてはいけないことがありますが、わが家の時計は1時間に1回、音楽を鳴らして時間を知らせてくれるので、すぐに反応することができます。パソコンにも時間表示はありますが、作業に没頭していると見落としてしまいますからね。

毎朝〝今日の勝負〟の当たりをつける

先物をチェックして、朝食を食べたら散歩に出かけます。散歩する時間帯は決めているものではなく、朝起きてすぐに出かけることもありますが、とにかく必ず歩くようにしています。

取引が始まってしまったらパソコンの前に座りっぱなしですから、歩いておかないと足腰が弱ってしまいますからね。

そして午前8時には、各取引所が**「寄り付き前の参考気配値」**を配信しているので、そのチェックをします。1つずつ説明しましょう。

デイトレードするには、**「板」**を注視することになります。板には、現在値や前日比だけでなく、何円で買いたい、あるいは売りたい人がどれくらいいるかが表示されています。

ここでとくに見なければならないのが、**「気配値」**です。気配値とは、買い方が希望する買いたい値段と、売り方が希望する売りたい値段を示す一覧表です。約定価格の水準を測る目安になることから、「気配値」と呼ばれます。

「買い気配値」とは、買い注文の数が売り注文より多く、値が付かない状態です。**「売り気配値」**とはその逆で、売り注文が買い注文より多く、値が付かない状態です。

この気配値を見ることで、「いくらなら売れそう」「いくらで買えそう」と見当をつ

気配値で「売り値」「買い値」の見当をつける

売り気配株数	気配値	買い気配株数
5000	成行	3000
1200	1020	
800	1010	
500	1000	
	990	500
	980	1200
	970	2000

けることができます。これが株価予測の基本となります。

上の板では、「1000円で500株の売り気配値」「990円で500株の買い気配値」となります。**気配値に表示されるのは原則、指値注文の価格のみとなっていますが、寄り付き前には成行注文の状況も表示されます。**

この板の場合、株価1000円で買い注文が、990円で売り注文が約定する状態です。もし指値注文を「1020円」で出したとしても、指値注文は「指定した値段以下の価格であれば買い」という意味の注文になりますから、1000円で約定することになります。

実際の株の取引は9時から15時までの間に行われますが、注文自体はそれ以外の時間帯でも可能です。投資家は、その銘柄に関するニュースや業界全体の報道、米国市場の動向などを見て、事前に注文を出しておくケースがあります。

好材料であれば買い注文が多く入り、株価は上昇。反対に、悪材料であれば売り注文が多くなり、株価は下がると予想できます。

銘柄ごとに最初の取引が成立して、その日初めて株価が決まることを「寄り付き」といい、ほとんどの銘柄については、株式市場が開く9時直後に寄り付きます。このときについた株価を**「始値《はじめね》」**と呼びます。

事前に入った注文の中身から、寄り付き前の参考気配値が、株式市場が開く1時間前の8時になると確認することができます。

日本取引所グループが提供したデータを、各証券会社がそれぞれのツールに表示させるので、私たちも簡単に見ることができるのです。

つまり、気配値が前日の取引終了時点での株価（終値）よりどれだけ高いか安いかを確認することで、その日の相場状況の見当がつけられるわけです。

たとえば、再び先ほどの板を見てみると、「1000円で500株の売り気配値」「990円で500株の買い気配値」とあり、前日終値が950円だったとします。そうすると、前日よりも「買いたい」値段も「売りたい」値段も高いわけですから、「今日の相場は高く寄り付きそうだ」と予想することができるのです。

もちろん相場は生き物ですから、「気配値が絶対」というわけではありません。気配値は寄り付き直前まで、その数値が目まぐるしく変化します。とはいえ、有力な目安にはなります。

こうして私は9時に市場が開くまでに、ある程度「今日値が動きそうな銘柄」に当たりを付けます。そして、その銘柄を中心に売買をしていくのです。

なお、朝の寄り付きの時点で買い注文と売り注文がつり合わず、売買が成立しない場合があります。これを**「特別気配」**といいます。好決算や不祥事といった材料が出たときに起こる場合が多いです。

売りの場合には**「特別売気配」**、買いの場合には**「特別買気配」**とも呼ばれます。

売買が成立しないときに出る「特別気配」

売り気配株数	気配値	買い気配株数
400	1040	
800	1030	
500	1020	
	1010	
	1000	
	990	特 3000
	980	500
	970	400

なぜこのように売買が成立しない場合があるかというと、株価が短時間のうちに乱高下することによる投資家の損失を防ぐためです。

たとえば、株価が「1000円」のときに5000株で成行注文を出したのに、注文を出して約定した瞬間に「900円」に下がってしまったとなれば、一瞬の間に50万円の損失となります。そういう事態を防ぐための仕組みですね。

そこで東証では、直前の価格と比較して一定の値幅の範囲内に限って、次の売買が成立するというルールを定めています。

たとえば、**更新値幅（買い気配や売り気配**

で1回に動く値段の幅）が10円の銘柄で、直前の約定値が980円だったときに、1020円で大量に注文が入ったとします。

すると、更新値幅が10円の銘柄では、990円に買いの特別気配が出されます。時間が経過しても注文がない場合、だんだん特別気配値が更新され、売買が成立する値段に近づいていきます。

特別気配になった場合には値動きが激しいケースも多いので、注意深く確認する必要があります。

シゲルさんが大切にする相場の格言②

「頭と尻尾はくれてやれ」
——天井と底を狙おうなんて最初から思うな！

投資家の心理として、「なるべく高く売りたい、なるべく安く買いたい」と思うもの。でも、「ここが最高値だ！」と思ったときはまだ伸び、「ここが最安値だ」と思ったときはまだ下がったりします。魚でも、頭と尻尾は食べられないですよね。天井や底を無理して狙おうとすると、まずい結果に終わりがちです。それよりもチャートが反転し始めた瞬間を狙ったほうが確実だということを、頭に叩き込んでおきましょう。

全部見せます！　ある日の取引

では実際に、ある日の私の取引履歴を時系列で追ってみることにしましょう。あまりよくできても、逆に悪くてもみなさんの参考にはならないでしょうから、「可もなく不可もない」普通の一日の動きを選んでみました。

注文回数が27回、うち当日に約定したのが17回、別の日に注文したものが約定したのが2回です。

この日の実現益は47万円超。負けてはいませんが勝ちすぎもせず、平均的な一日ですね。実現益が１０００万円以上の日もあります。

ただし、この日は評価損益でいうとマイナス２４７万円でした。運用資金が18億円ともなると、自分が何もしなくても評価額が1％動くだけで１８００万円の増減となります。この日の前の日もマイナス３７０万円、その前の日はプラス２６００万円でした。

時刻	銘柄（証券コード）	株数	アクション	実現損益
5:15	信越化学工業（4063）	500 株	信用買い	
5:45	小野建（7414）	1000 株	返済買い	
8:16	ニデック（6594）	1100 株	信用買い	
8:45	ジーテクト（5970）	1000 株	信用買い	
8:50	東海ソフト（4430）	1000 株	返済売り	
8:51	日本精機（7287）	2000 株	信用買い	
8:52	TAKISAWA（6121）	3000 株	信用買い	
9:03	信越化学工業（4063）	1000 株	約定	
9:07	プライム・ストラテジー（5250）	1000 株	返済売り	
9:08	ミライアル（4238）	1000 株	新規買い	
			約定	
9:10	岩井コスモホールディングス（8707）	1000 株	返済買い	
9:12	サンワテクノス（8137）	500 株	信用買い	
9:16	KPP グループホールディングス（9274）	3000 株	信用買い	
9:17	ジーテクト（5970）	1000 株	約定	
9:22	シライ電子工業（6658）	2000 株	信用買い	
9:24			約定	
9:29	岩井コスモホールディングス（8707）	1000 株	約定	3 万 7800 円
9:33	東海ソフト（4430）	2000 株	信用買い	
9:38	TAKISAWA（6121）	3000 株	返済売り	
			一部約定	
			（1000 株）	
9:44	QD レーザ（6613）	3000 株	信用買い	
			一部約定	

10:17	和井田製作所（6158）	600株	約定	
10:21	QDレーザ（6613）	1300株	返済売り	
10:24			約定	2万4624円
10:26	ミライアル（4238）	1000株	返済売り	
10:32			約定	1万7887円
10:37	サンワテクノス（8137）	500株	信用売り（訂正）	
10:40	シライ電子工業（6658）	3000株	信用買い	
			約定	
10:46	信越化学工業（4063）	2000株	信用買い	
10:56			約定	
10:57	サンワテクノス（8137）	500株	約定	
12:39	Ridge-i（5572）	1000株	信用買い	
12:41	香陵住販（3495）	700株	現物売り	
12:43	Ridge-i（5572）	1000株	約定	
13:39	岩井コスモホールディングス（8707）	2000株	新規売り	
14:00		1700株	一部約定	10万5400円
14:10		300株	約定	1万8600円
14:13	サンワテクノス（8137）	1000株	信用買い	
14:22	香陵住販（3495）	500株	一部約定	21万500円
14:35	岩井コスモホールディングス（8707）	2000株	新規売り	
14:43	信越化学工業（4063）	1000株	信用買い	
14:45			約定	
14:59	プライム・ストラテジー（5250）	1000株	約定	6万1720円

前日比は、毎日プラスマイナス数百万円～数千万円の間で移行しています。

では、この表にもとづき、私のデイトレードについて、そのポイントを解説していきましょう。

◎成行注文ではなく指値注文

私はほとんどの場合、株を指値で注文します。板の厚さや値動きを見て、「ここまでは上がるだろう」「ここまでは下がるだろう」と予測するわけです。

どうしても「すぐほしい」と思うとき以外、成行注文はしません。もちろん、読みを外すこともありますよ。

9時7分に売ったプライム・ストラテジーのケースを見てください。売り注文を出したとき、同社の株価は2897円でした。そこで私は、「2960円」の指値で売り注文を出しました。若干強気な数字でしたが、約定するかどうかは五分五分だとみていました。

この銘柄の場合、おそらく翌週には2960円まで上がると想定できたので、週内に上がればよし、上がらなくてもまぁよしと思っていました。

そして約定したのは……午後2時59分。引けの1分前です。読みがばっちり当たりました。投資家のなかには、15時の大引けで強制決済させる「不成注文」（65ページ参照）を出しているトレーダーも少なくありません。

とくにこの日は金曜だったので、「土日を挟むのは避けたい」と考えるトレーダーが増えたと考えられ、大引けギリギリでの決済となりました。

これだけで6万円以上の儲けですから、普通のサラリーマンの一日分より稼いでいるでしょう。こんなふうに、読みがバチッとはまったときは嬉しいですね。

◎ADRやニュースを見てから銘柄チェック

この日の取引を見ると、朝の5時台から注文を出していることがわかると思います。市場が開くのは午前9時ですが、注文自体は24時間可能です。

まず朝起きてニュースやADRを確認し、よさそうな銘柄についてチャートで確認します。チャートを見たうえで「買い」または「売り」だと判断すれば、そこで注文を出すというわけです。

前場と後場の間にも、日経225先物の数字は動いているので、昼休み中もその動

きを確認。絶えず材料となる情報をチェックして、そこから自分の頭で考えることを重視しています。これぞ究極の認知症防止、〝脳トレ〟かもしれません。

またPart4で詳しく説明しますが、ニュースで好材料が出たからといって、私が考える適正価格以上に株価が上がってしまったものは買いません。それは「買われすぎ」であって、大きく下落する可能性が高いからです。

株というのは、買ったときの値段からどう動くかによって、損益が生じるものです。その銘柄の適正価格を自分なりに判断することが肝になります。

◎一番の勝負は午前9時台

ぜひ注文した時刻に注目してみてください。**注文・約定は午前9時台に集中しています。午前10時をすぎれば、一日の半分は終わったようなものです。**この日は次いで午前10時台が多かったですね。

続いて取引が集中する時間が、後場の寄り付き直後と大引け直前です。昼休みの間になにか材料が出てくることはそう多くないですが、昼休みに注文を出す会社員などの個人投資家が一定数いることも影響しているとみられます。

そしてまたラスト30分になると、持ち越したい人の買いと持ち越したくない人の売りの動きが活発になります。とくにデイトレーダーに多い考え方ですが、希望していた価格まで上がらない、または下がらない場合でも、日をまたぐのを防ぐために注文が増える傾向があります。週末はさらにその傾向が強いです。

逆に13時台は、どうしても取引が落ち着く傾向にあります。この日も1回しか注文していません。デイトレーダーなら、ずっと取引画面を見ている必要はありますが、取引が活発な時間とそうでない時間を理解しておくことで、市場が開いている時間のなかでもより力を入れるべきときと抜いてもいいときがわかるようになります。

◎決算に期待して購入

この日買った銘柄のうち、「信越化学工業」「ジーテクト」は翌週・翌々週に発表される決算に向けて購入した株です。このように、決算が近くなってくると「決算で上がるだろう株」が安くなるタイミングを計って、購入することが重要です。

週単位での売買なので、厳密にはデイトレードではありませんが、決算で勝負するにはあらかじめの仕込みが欠かせません。

大手化学メーカーの信越化学工業は、時価総額が約9兆1600億円という大型株で、私が得意とする小型株ではありませんが、塩化ビニル樹脂やシリコンウエハーなどで世界的に高いシェアを有しており、投資家からの人気がとても高い銘柄です。

同社の株は2023年6月に入り上場来高値を更新。第1四半期の決算は減益予想でしたが、2023年3月期の連結決算では純利益が過去最高であり、中長期的には業績の拡大が期待できることから、仮に前年同期比マイナスだったとしても、すでに市場はそれを織り込み済みで、決算で上がるはずだと考えました。

決算自体は市場の予想どおり減益。しかし、同時に1000億円もの自社株買いを発表しました。自社株買いは、株価上昇の好材料となります。

ただ、決算翌日に折悪く日銀が**長短金利操作（イールドカーブ・コントロール、YCC）**の修正を表明したことも相まって、この日は全体的に株価が下がる傾向にあり、期待どおりの上げ幅にはなりませんでした。

ジーテクトも同様に、決算で高くなることを見越して購入した株です。ホンダ系の車体プレスメーカーであるジーテクトは２０２３年6月、今後の事業戦略にかかる新たな経営指標の目標値や株主還元方針などを公表しました。

そこでは新たに株主資本に対する配当総額の割合である**株主資本配当率（DOE）**を指標として導入し、数値目標として２０２３年3月期は１・６％、２０２６年3月期に２・０％、２０３１年3月期に３・０％を目指す方針を明らかにしました。

これを受けて、同社の株は年初来高値を更新。この株を持っていれば、今後２０３０年にかけて伸びていくはずです。私は94歳になる２０３０年まで売買しながら、この株を持っているつもりです。

この2社とも、仮に次回の決算で上がらなくても、「いつか必ず上がる株」だということも重要です。だからこそ自信を持って買えるんです。**「決算で上がるかもしれない。だけど今後の見通しは暗い」ような株に手を出すべきじゃありません。**

大引けしたらその日の反省

取引と同じくらい重要なのが、取引後の反省です。たまたま勝てたからといって喜んでいたのでは、投資家として成長しません。

「なぜ勝てたのか？」「なぜ負けたのか？」「もう少しいい買い場（売り場）があったのではないか？」と考えることで、少しずつ成長することができるのです。

1つの取引の終わりは、次の取引の始まりです。長く取引をしていると、その銘柄に特有のクセのようなものがわかってきます。経験を重ねるほど、それがわかってくるので、判断もより早く、精度が高まります。

私は取引履歴のすべてを逐一ノートに記録しています。一行にいつ買った、いつ売った、どれだけのプラスになった、などの情報を、前場分は前場引け後に、後場分は大引け後に記入するのです。これは昔から続けている習慣です。

ノートは日経平均や資産総額の推移を記したノートと、個別銘柄の取引履歴を記したノートに分けており、個別銘柄を記したノートはすでに50冊近くにのぼります。大体5か月ごとに1冊新しいノートになるペースです。

常時80銘柄を保有していると、ノートのどのページに記入したかを覚えることも難

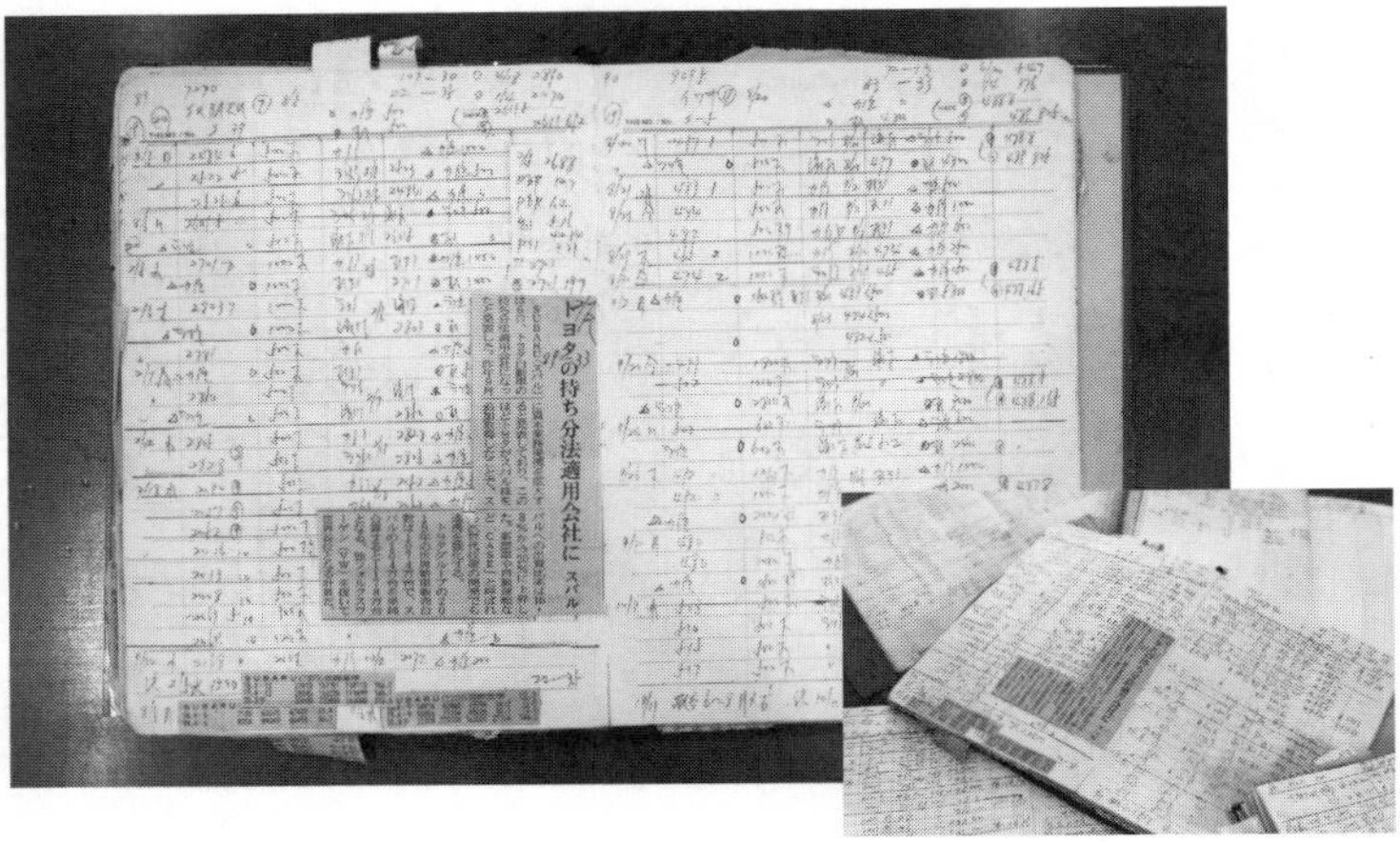

売買の履歴は前場と後場の引け後にすべてノートに記録しておく

しいので、「どのページに記入したか」を記入したメモもあります。

「最高のタイミングで買う（売る）」というのは、いまでも難しいものです。というより、天井で売り、底値で買うことを目指してはいけません（103ページ参照）。そこをゴールにしてしまうと、まだ底が見えていない時点で「いまが底だ」と買ってしまい、損失を被ることがあります。

それよりは「いかに天井、底値付近で売買することができたか」を指標にすべきでしょう。

自分が売買したタイミングとチャート

の動きがあっていれば、まず間違っていなかったとみることができます。しかし、外れた場合には、それがチャートと異なる動きをしたからなのか、チャートを読み間違えたのか、何か材料が出たのか、といったことを考察していきます。

また、多くの銘柄を保有しているので、取引時間中にすべての銘柄の値動きを確認することはできません。とくに材料もないのに、値が動いているケースは珍しくありませんから、そのような銘柄を確認し、翌日に売買する候補とします。

あとは地味な作業ですが、ノートに書いた取引履歴と口座の銘柄情報を突き合わせ、持ち株数が一致しているかの確認も日々行っています。いったんここがズレてしまうと、今後の取引すべてがズレてくるわけですからね。

地味な作業だからこそ重要なのです。

常時80銘柄ほどをトレード

私の取引銘柄は、その時々によって変化します。値上がりすれば売ってしまうわけですから、いま手元にない銘柄もたくさんあります。売ったり買ったりを繰り返しながら、常に80銘柄ほどは保有しています。

2023年3月末時点において短期売買目的で保有している銘柄は、次のようになっています。

証券コード	保有銘柄	業種
1375	雪国まいたけ	水産・農林業
1439	安江工務店	建設業
1898	世紀東急工業	建設業
2060	フィード・ワン	食料品
2795	日本プリメックス	卸売業
2997	ストレージ王	不動産業
3101	東洋紡	繊維製品
3156	レスターホールディングス	卸売業
3241	ウィル	不動産業
3297	東武住販	不動産業
3495	香陵住販	不動産業
3612	ワールド	繊維製品
3944	古林紙工	パルプ・紙
3947	ダイナパック	パルプ・紙
4222	児玉化学工業	化学
4224	ロンシール工業	化学
4238	ミライアル	化学
4249	森六ホールディングス	化学

4262	ニフティライフスタイル	情報・通信業
4265	Institution for a Global Society	情報・通信業
4410	ハリマ化成グループ	化学
4430	東海ソフト	情報・通信業
4691	ワシントンホテル	サービス業
4882	ペルセウスプロテオミクス	医薬品
4890	坪田ラボ	医薬品
4891	ティムス	医薬品
5026	トリプルアイズ	情報・通信業
5035	HOUSEI	情報・通信業
5079	ノバック	建設業
5131	リンカーズ	情報・通信業
5161	西川ゴム工業	ゴム製品
5184	ニチリン	ゴム製品
5237	ノザワ	ガラス・土石製品
5341	ASAHI EITO ホールディングス	ガラス・土石製品
5702	大紀アルミニウム工業所	非鉄金属
5802	住友電気工業	非鉄金属
5970	ジーテクト	金属製品
5989	エイチワン	金属製品
6121	TAKISAWA	機械
6138	ダイジェット工業	機械
6155	高松機械工業	機械
6158	和井田製作所	機械
6165	パンチ工業	機械
6178	日本郵政	サービス業
6210	東洋機械金属	機械
6218	エンシュウ	機械
6226	守谷輸送機工業	機械
6293	日精樹脂工業	機械
6432	竹内製作所	機械
6473	ジェイテクト	機械

6546	**フルテック**	サービス業
6629	**テクノホライゾン**	電気機器
6794	**フォスター電機**	電気機器
6995	**東海理化電機製作所**	輸送用機器
7014	**名村造船所**	輸送用機器
7088	**フォーラムエンジニアリング**	サービス業
7112	**キューブ**	小売業
7212	**エフテック**	輸送用機器
7218	**田中精密工業**	輸送用機器
7229	**ユタカ技研**	輸送用機器
7245	**大同メタル工業**	輸送用機器
7283	**愛三工業**	輸送用機器
7287	**日本精機**	輸送用機器
7414	**小野建**	卸売業
7435	**ナ・デックス**	卸売業
7702	**JMS**	精密機器
7718	**スター精密**	機械
8051	**山善**	卸売業
8053	**住友商事**	卸売業
8074	**ユアサ商事**	卸売業
8095	**アステナホールディングス**	卸売業
8316	**三井住友フィナンシャルグループ**	銀行業
8604	**野村ホールディングス**	証券、商品先物取引業
8707	**岩井コスモホールディングス**	証券、商品先物取引業
8714	**池田泉州ホールディングス**	銀行業
8931	**和田興産**	不動産業
9005	**東急**	陸運業
9251	**AB & Company**	サービス業
9275	**ナルミヤ・インターナショナル**	小売業
9434	**ソフトバンク**	情報・通信業
9562	**ビジネスコーチ**	サービス業
9948	**アークス**	小売業

あくまで2023年3月時点のものなので、この時点では利確してしまっているけれど新たに買い直したもの、新たに購入した銘柄も複数あります。これはすべて岩井コスモ証券の口座で保有しているもので、前述したようにこの口座には運用資産が14億円程度入っています。

また保有銘柄としては、別の証券口座で管理している長期保有銘柄も20銘柄ほど加わります。長期で保有する銘柄は、トヨタ自動車、本田技研工業、三井物産、丸紅など、安定的な収益を上げている大型銘柄が中心です。

毎日引け後に自分が持っている口座すべての資産総額を足し合わせており、合計で18億円ほどというわけです。

デイトレード目的で保有している銘柄は有名な企業もありますが、みなさんが知らないような企業が多いかもしれません。業種も特定の分野に偏《かたよ》っていないことがわかってもらえるかと思います。とはいえ、もともと私は、自動車や半導体といった銘柄が好きなので、そのような銘柄が多いですね。

私の保有銘柄を紹介しましたが、「この銘柄を買えばいい」とか「この銘柄がオススメ」という意味で紹介したわけではありません。株価が上がってしまったので利確して手を離れた株も多いですし、基本的にあまり損切りしないので、長期的に塩漬けされている銘柄も複数あるからです。

運用資産は18億円ありますが、利益の出た株はすぐに売り、そうでない株はそのままなので、評価損益はマイナス2億円以上あります。なので「この株を買えば儲かるんだな」とは安易に思わないでください。儲かったら売ってしまうので、不良在庫をいっぱい抱えているんです（苦笑）。

ちなみに、投資信託はまったくやりません。投資信託は手数料も管理費も取られますから、下手したら月々にかかる諸費用で運用益がなくなります。

投資信託に回す費用があるなら個別銘柄で取引したほうがよっぽどいいですね。

パソコン3台・モニター3台で売買

私はデイトレードで、パソコン3台とモニター3台を活用しています。それぞれ**株価の値動きチェック用・取引用・情報収集用**となっています。

一応メールアドレスもありますが、パソコンでメールを打つことは、まずありません。基本的に株に関すること以外でパソコンはほとんど使わないですね。

さらに言えば、スマートフォンも持っていません。パソコンを使ってデイトレードをするからといって、最新機器に強いわけではないのです。

株価の値動きチェック用のパソコンでは、リアルタイムで株価が更新される岩井コスモ証券の「トレーダーNEXT」というパソコン向けトレードツールを活用しています。このトレードツールは、自分が売買している銘柄を画面上に登録できて、1画面で40銘柄について株価の値動きを確認することが可能です。

現在は、1200銘柄弱を監視対象にしています。

ノートを見ても、私がこれまで買った銘柄、あるいは買うつもりで動向を注視していた銘柄は1200ほどに上ることがわかります。

なかには合併したり上場廃止になったりと、そのすべてが現在も株式市場に残っている銘柄ではありませんが、全上場企業の4分の1ほどを買ったり買おうとした経験があるというわけです。

もちろん、1200銘柄ですから、すべての会社情報を頭に入れることはおろか、トレードツールでどのページに登録したかを覚えることすら、たとえどれだけ若くてもできないでしょう。そのため、「どの銘柄をどのページに登録したか」を記したメモを見ながらページを切り替えています。

このようなトレードツールは、デイトレードやスキャルピングをするうえでは必須の機能です。

1台目のパソコンを見て「これは買い（売り）だ」と思ったものについて、基本的に2台目のパソコンで取引します。そして3台目では、銘柄に関するニュースや決算情報を確認しています。

これまでに一番多く取引しているのは武蔵精密工業です。2023年8月時点で、4500回ほど売買しています。21年間で4500回ですから、単純計算で1か月18回ほどは売買している計算になります。

武蔵精密工業は、愛知県豊橋市に本社を持つホンダ系列の自動車部品メーカーで、1

3台のモニターを値動きチェック用・取引用・情報収集用と使い分けてトレードに集中

938年創業の老舗といえます。一般的な知名度はそこまで高くないかもしれませんが、14か国35拠点でビジネスを展開するグローバル企業です。

ここ5年でいうと、2018年に2132円の高値を付けたものの、2020年に646円まで下落。その翌年にまた2625円まで上昇するという値動きをしています。

売買の回数が増えれば増えるだけ、「株価がこういう動きをすれば、次はこうなる」というデータが体感的に蓄積されます。そうしたら当然、売買回数は増えますよね。

私は月に1000回売買しても手数料が定額の「1000回コース」を使っていますが、**現在の売買回数は月に500〜600回程度。月20日で600回だとして、一日30回いかないくらいです。**

ただし、これは約定回数だけなので、実際に出している注文の数はもっと多いです。注文回数だけでいえば、約定回数の1・5倍くらいありますね。

前述したように、私は成行注文で買うよりも、「このくらいの値段まで上がれば売る」「ここまで下がれば買う」と決めて指値注文することのほうが多いので、約定しないケースも多いのです。また一日30回ほど売買をするなかでは、同じ銘柄を売買することも多いです。

1回の取引株数は数千株単位に上ることが多いので、たとえば株価が2000円の株を3000株買えば、それだけで600万円の取引になります。そのような売買を繰り返すわけですから、累計の月の売買代金は6億円ほどにもなります。

そうやって資産18億円まで積み上げてきました。「資産18億円」とだけ聞くと、すごいと思われるのかもしれませんが、その中身はコツコツと積み上げてきたものです。

株価1000円で買って1005円で売る、こんな取引を繰り返しています。「5円だけ？」と思われるかもしれませんが、バカにしちゃいけません。上がったところを売れば確実に儲かるわけですから。

3円でも5円でも、上がればいいんです。欲をかきすぎちゃいけません。

たとえば1000円で5000株買い、1005円ですべての株を売るとします。すると儲けは2万5000円です。この取引が一日20回約定したとなれば、一日で50万円。そうすると、月に平日が20日あるとすれば1000万円になります。

月1000万円稼げる会社員が、どれくらいいるでしょうか？

シゲルさんが大切にする相場の格言③

「売るべし買うべし休むべし」

――投資は「休む」ことも大切

「株は売るか買うか（取引を）休むか」という当たり前のことですが、「休むことも大事だ」という意味が含まれた格言です。デイトレーダーというと、PCモニターを前にして、ひっきりなしに売買を繰り返しているイメージがあるかもしれませんが、そうでもありません。市場が活発じゃないときには手を出さない。1つひとつの取引を反省する。大きな経済の流れを確認する。それらのバランスを取ってこそ、儲けられるのです。

コラム②

趣味はアンティークコイン集め

私は寝るとき以外、食事や散歩の時間を除けば、ほぼ〝株漬け〟の生活を送っていますが、株以外の趣味もあります。それがコイン収集とスポーツ観戦です。コイン収集を始めたのは子どものころです。一番上の姉の夫が経営していた税理士事務所の顧客の1つに、国鉄の元町駅近くのコインショップがありました。そこに連れて行ってもらい、「コインって綺麗やな」と思ったことから収集を始めたのです。

その後、**株式投資を始めてからしばらくは、コインでの資産運用もしていました**。株に比べて経済ショックにも強いですし、情報を集めて分析する手間もそこまでかかりませんしね。ただ、コインはやっぱり眺めているのが好きなので、1980年代に資産運用のために集めるのはやめました。

私が好きなのはアンティークコインです。アンティークコインとは、一般的には100年以上前に発行されたコインのことをいいます。過去に発行されたコインですから、減ることはあっても、これから増えることはまずありません。そういう意味でもロマンがあると思っています。

なかでも、ヨーロッパの歴史上最も有名な王朝の1つである「ハプスブルク帝国」のコインが好きですね。海外のオークションで買うことが多いです。カタログが送られてくるので、自分のほしいコインの落札希望額を郵便で送ります。女房と一緒にウィーンまで行ってオークションに参加したこともありますよ。

コイン収集は「王様の趣味」ともいわれていて、オークションには世界から桁違いの富裕層が参加します。ちなみにカタログは英語やロシア語などで説明がありますが、日本語での説明はありません。日本人があまり参加していない証拠ですね。

アンティークコインには、1枚1億円を超えるものもあります。2021年には、1933年につくられた「ダブルイーグル金貨」が20億円超で落札されました。さすがにそこまでの高値が付くコインは買えませんが、ハプスブルク帝国のコインもそれなりの値段はします。ただ、安いものだと数百～数千円程度で購入することも可能です。

昔は家に保管していましたが、紛失してしまってからは銀行に預けるようにしました。好きなときに眺められなくなったのは残念ですけどね。

株式投資を始めたのも、コイン集めが好きだったことから、証券会社の人の話を聞いて世界経済について関心を持ったからです。もともと持っていた趣味が高じて投資につながったわけです。

投資と関係のない趣味としては、テレビでのスポーツ観戦があります。昔は麻雀やゴルフもやっていましたが、何年も前にやめました。ゴルフは友人と約束していたところ、株の暴落に対処しなくてはならず、キャンセルしたことで、「迷惑をかけるからもうやめよう」と決心したのです。

スポーツ観戦で好きなのは、野球と相撲です。野球で好きなのは、阪神タイガースと大谷翔平選手ですね。甲子園球場まで足を運ぶことはありませんが、昔から阪神を応援しています。

2023年は18年ぶりに阪神がリーグ優勝して、嬉しかったですね。別に勝っても負けても、投資には影響しませんけどね。

野球は夜か休日の日中に試合があるケースが多いのがいいです。投資に影響しませんから。

大谷翔平選手の試合がテレビ中継されていると、つい見てしまいます。日経新聞のオンライン版でも、メジャーリーグの情報はチェックしています。ただ大谷選手が登場する試合が日本で放映されるのは、ほとんどが朝なので、平日の場合には株の市場も始まってしまうのが悩みの種ですね。

日本の若者が異国の地で、これまで誰もできなかったことを成し遂げる。そんな姿を見ているだけで痛快です。日本人選手がメジャーリーグでホームラン王を獲得するなんて、昔は考えられないことでしたよ。

相撲も、引け後の午後3時ごろから始まり、夕方6時には終わりますから、私の生活リズムに照らし合わせてもちょうどいいんです。

Part 3

投資歴68年 シゲル流「1:2:6」のルール

「増収・増益・増配」に着目

私が株を選ぶときに何を見ているかというと、一番のポイントは**「増収・増益・増配」**であるかどうかです。要するに、**売り上げが増え、利益も増え、利益が配当に回っているかどうか**を見るのです。

デイトレードは短期的な値動きで売買を繰り返しているので、長期的な利益をあまり気にしないデイトレーダーもいます。しかし私としては、その考え方は違うと思いますね。やっぱり株を買うのは、長期的に成長が見込める株がいいと思っています。「成長している株ならば、長期で持っていたほうがいいのでは？」と思うかもしれません。けれど、長期的に株価が上昇する株も、値上がりと値下がりを繰り返すわけですから、デイトレードで回転売買したほうが多額の収益を得られます。

たとえば、1株1000円で1000株購入した銘柄が、毎日上下50円の範囲で株価が動きつつ、1年後に2000円の値を付けたとします。長期保有していれば、1

00万円の利益です。

これに対して、仮に底値で買って天井で売ることができれば、一日で5万円の儲けです。1か月間（20日間）毎日たった1売買するだけで、1か月で100万円の儲けとなります。長期保有で1年かかる儲けを、たった1か月で得ることができるのです。

もちろん実際には、どんな手練《だ》れの投資家であれ、底値で買って天井で売ることは難しいので、**その半分の25円でよしとしても、1か月で50万円。1年もあれば600万円の儲けです。**

しかも長期投資では、仮に先ほどの株が1800円まで上昇していたら、「もう少し下がるまで待とう」と考えてしまい、結局手を出せずに終わってしまった……ということがよくあります。ところがデイトレードでは、すでに上がっていたとしても、「明日上がる」と思ったら買いにいくことができます。

たしかに値下がりしている株でも、値上がりしている株と同様に上下動はあるので、いいタイミングさえ捉えれば利益を上げることはできます。ただし、上昇基調にある株よりもリスクは高くなりますから、なるべく手を出すべきではないでしょう。

会社の売上高とそれぞれの利益とは？

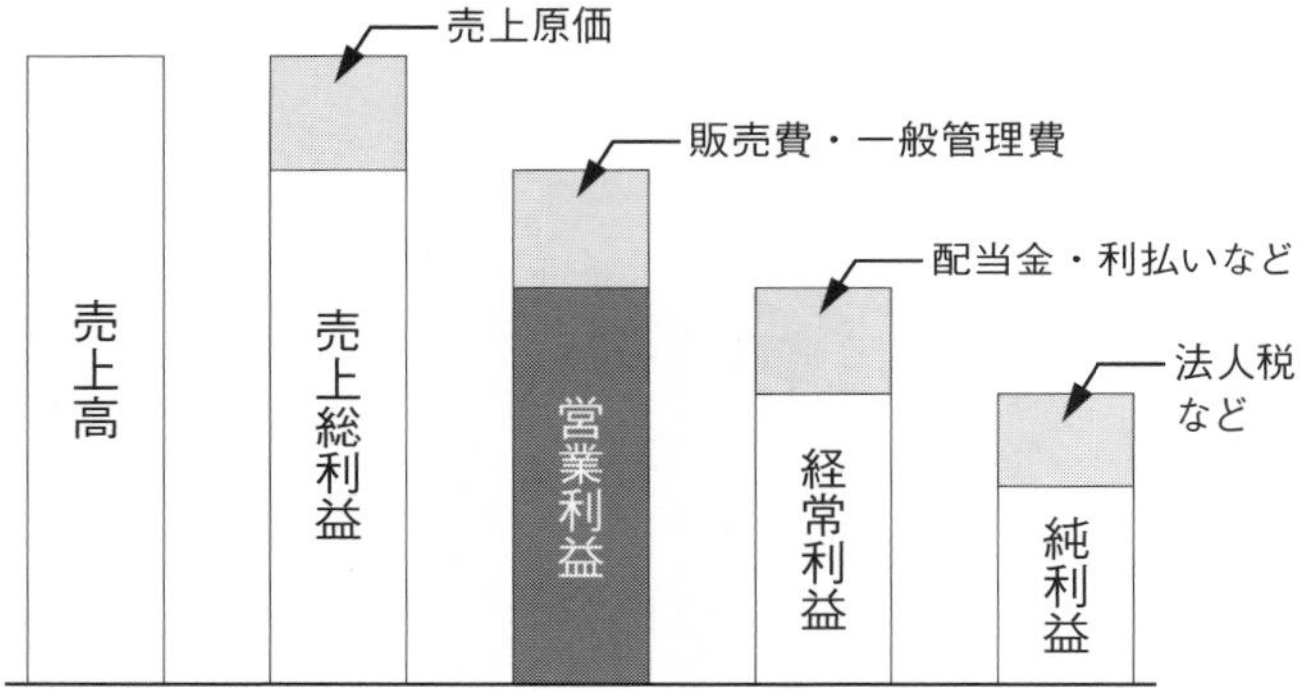

さて、「増収・増益・増配」についてですが、ネットで決算情報を検索すれば、これらのデータはすぐにわかります。とくに私が重視しているのは**「増収・増益」**かどうかです。

売上高が増えていても減益になるケースも少なくありませんから、この2つがそろっていることに大きな意味があります。

収益率のなかでも、とりわけ**「経常利益」「純利益」**を見るようにしています。「営業利益」はあまり見ていません。

本当は全部見てもいいのですが、常に時間が足りない状態なので、自分のパフォーマンスに直結する指標に絞っているのです。

念のため、簡単にそれぞれの利益を説明しておきましょう。

◎**営業利益** ▼ 売上総利益から販売費や一般管理費などを差し引いたもの。本業で稼いだ利益を指します。
◎**経常利益** ▼ 営業利益から配当金や利息の支払いを差し引いたもの。一見売り上げが大きくても、経費が多ければ会社に残るお金は少なくなってしまうわけですから、企業の状況を最も把握しやすい数字といえます。
◎**純利益** ▼ 経常利益に本業以外の利益を足したり税金を差し引いたりと、すべての支払いを済ませた結果として最後に残ったお金です。

経常利益は会社の収益力を示すものですから、非常に重要です。純利益だけでは、たまたま臨時の収入があったり一時的な損失を出したりしたケースもあるので、不十分なのです。

ただし、配当金の利益は純利益ですから、純利益が多いほど配当金支払い余力が大きくなります。そのため、株主にとっては純利益も重要なのです。

株の売買は「1：2：6」のルール

企業が株主に利益を配分する配当利回りは、3％くらいあれば、まぁいいほうだと思います。**私がもらっている配当金は年間合計3000万円程度なので、資産18億円からいえば2％もありません。**

世紀東急工業のように増配を発表し、2024年3月期の年間配当予想を配当利回りを8・21％とする非常に高い水準の会社もありますが、**私は「高配当」よりも「成長性」を重視しています。**

また、「高配当」といえば聞こえはいいですが、株価が下がれば配当率は上がりますからね。ですから、「高配当＝優良株」とは断定できません。

高配当の銘柄を購入したはいいけれど、株価が下落してしまった……というケースは多々あります。また、業績が悪くなったから高配当になってしまったような銘柄では、そのまま業績が悪化し続けた場合には、企業から「配当予想の修正」が出され、減配となるケースもあります。

「配当が高ければ高いほど株主が得するのでは？」と思う人はよく考えてみてください。税引後の利益である**「純利益」**のうち、会社がどれだけ配当金の支払いに向けたかを**「配当性向」**といいますが、大企業を中心に配当性向は30〜40％のところが多いです。

配当性向が高いということは、その分「会社の利益を株主のために使ってしまっている」ことを意味します。

とくに新規上場したばかりの企業に多いのですが、配当ゼロで利益を「今後の成長のために先行投資する」と表明する企業もたくさんあります。私は成長していく企業が好きなので、配当をそこまで重視していないのです。

その会社が配当についてどういう考えを持っているかを知ることは重要ですが、高配当狙いのときにも、配当利回りの高さだけに注目するのでは、そのうち足をすくわれるでしょうね。

単に高配当だからといって銘柄を選ぶよりは、業績が安定していて、安定的に同じ水準の配当を出す企業を選ぶのがいいでしょう。

たとえば商社のなかでも、住友商事や双日といった銘柄は配当利回りが4％近いです。この規模の大企業が急に業績不振になることは稀《まれ》でしょうから、リスクをあまり冒したくない人にとってはオススメできる銘柄です。

なお、私は株を売買するときは、**「1：2：6」のルール**を意識しています。

「この株はよさそうだ」と思ったら、まず打診買いで1000株程度買ってみて、「やっぱりよさそうだ」と思ったらさらに2000株、「これはいける」と思ったら6000株を購入するというやり方です。売る場合も同じです。

とくに展開が読みづらい場面や、これまであまり取引のない株に関しては、このルールで買いますね。

もちろん予想に反し、1000株買ったときよりも2000株を買う時点のほうが値上がりしたり、売るときにも値が下がったりしてしまうこともありますが、いきなり大量に売買するよりもリスクは低く、結果として利益につながりやすいです。

シゲル流
『1：2：6』のルール
この株よさそうだな…
打診買いで
1000株
買ってみる
1000
やっぱりよさそうだ…！
さらに
2000株
買い増し
1000
1000
これはいける!!
ゴロ
ゴロ
1000
1000
1000
1000
1000
1000
思い切って
6000株
買い増す
フフフ
いきなり買い増しするよりも、リスクが低く利益につながりやすい！

ビジネスモデルを理解して買う

「増収・増益・増配」に次いで重要視しているのは、**「自社株買い」**をしているかどうかです。自社株買いとは、その名のとおり、自社の株を買う行為を指します。もともとは原則禁止とされていましたが、1994年と2001年の法改正により認められるようになりました。

とくに株の初心者は、「自社株買いが行われていると、どうしていいことなの？」と思われるかもしれません。

自社株を買うと、市場に出回る発行済み株式数は当然ですが減少します。そうすると、同じ利益であれば市場に流通している1株当たりの利益は増加します。

市場での株価が割安かどうか判断するための指標である**PER（株価収益率）は、「株価÷1株当たりの純利益（EPS）」で計算**されます。

PERは平均15倍程度とされており、この値が高いと株価が「割高」、低いと「割安」と判断されます。自社株買いは1株当たりの利益を高くするので、同じPERだと株価は高くなります。

どういうことかというと、株価が1000円で、1株当たりの利益（EPS）が100円だとすると、PERは10倍です。

それが1株当たりの利益が150円まで上がると、PERは約6・7倍になります。このPERが「割安」だと判断され、PERが10倍まで買い求められるとなると、株価が1500円まで上がることになるという理屈です。

自社株買いは、一般的には3月期決算の会社が、本決算の発表のタイミングに合わせて公表するケースが多く、4月から5月にかけて自社株買いの発表が増える傾向にあります。

Part2で紹介した信越化学工業も、決算発表のタイミングで1000億円の自社株買いを発表したからこそ、前年同期比減の決算でも株価が下がらなかったのです。

ちなみに株主優待もあればいいですけど、そこまで気にしていません。優待は数百株持っていても、私のように数千〜数万株持っていてもその内容は同じなので、あまりうまみがあるとは思えないんです。

加えて大事なのは、投資対象のビジネスモデルを理解すること。これは投資の神様、ウォーレン・バフェットにも通じる主張です。

バフェットの投資スタイルは基本的に長期投資なので、私とは異なりますが、「成長しているから株価が上がる」という考え方は同じです。じゃあ、どんな企業が成長するかを考えたとき、ビジネスモデルがわからなければ判断のしようもありません。

バフェットはハイテク株をあまり購入しないことで知られていますが、私もＩＴ関連株はあまり買いません。なぜなら、ビジネスモデルをあまり理解できないからです。好きな業界は自動車や半導体といった分野です。半導体分野はかつて「日の丸半導体」と呼ばれ、日本が世界のトップを走っていましたが、そのころから株を買っています。

ちなみに現在の日本の半導体企業がパッとしないのは、企業の努力が足りないからだと思っています。いま岸田文雄首相が諸外国に日本の半導体企業への投資を呼びかけているので、大いに期待しているところです。

特定の好きな銘柄はありません。強いて挙げるなら「株価が上がる銘柄」が好きな銘柄です。だから、好きな銘柄は日によって変わります。嫌いな銘柄は「株価が落ちる銘柄」ですね（笑）。

とはいえ株式市場も、その時々によってはやり廃りがあるわけですが、あまりはやりに乗ることもありません。スマートフォンのゲームがはやっても、スマートフォンを持っていないわけですから、使い方も知らなければビジネスモデルも理解できませんからね。

持っている人に比べて、その良さがわからないわけです。そうなると、市場で好評で株価が上がっても、あまり買いません。自分の強みを出せる領域で勝負することも重要です。

デイトレードに向く銘柄・向かない銘柄

2023年現在、上場企業はおよそ3900社あります。そのすべてが「デイトレード向きの銘柄」かというと、決してそうではありません。

株のなかにも、長期保有に向いている銘柄と長期保有に向いていない銘柄がありま す。たとえば、急激に上昇する株は、同じように急激に下落する傾向が強いです。そのため、短期間で株価が急騰した株は、基本的に長期保有には向いていません。

一方、デイトレード向きの銘柄は、次の条件を満たしているものです。

◎値動きが大きい

優良企業でも、株価が安定している株はデイトレードには向きません。一日に1円ずつ上がる安定的な銘柄よりも、一日に数百円値段が上下動する銘柄のほうが、当然ながら儲けることができます。

値動きに関しては、私の場合、日経CNBCで値上がり率ランキングを確認することが多いですが、もちろんネットで確認することもできますから、値動きが大きそうな銘柄をネットでチェックするのもいいでしょう。

◎ある程度出来高が大きい

値動きがある銘柄だとしても、出来高が低ければ「デイトレード向き」とはいえま

ある日の株価値上がり率ランキング

順位	銘柄名	証券コード（市場）	値上がり率（%）
1	クシム	2345（スタンダード）	24.53
2	キャスター	9331（グロース）	21.99
3	日本アイ・エス・ケイ	7986（スタンダード）	21.89
4	三陽商会	8011（プライム）	21.52
5	ナガホリ	8139（スタンダード）	15.95

2023年10月6日

せん。私が狙う中小型株は、株価が低い銘柄も多いので、ちょっと株価が変動したら前述の値上がり率ランキングに入ってしまうことがあります。

とくに私は1つの銘柄に対して数千株〜数万株持っていることも珍しくないので、あまりに出来高が少ないと、自分の売買で値が大きく動いてしまうため、ある程度取引が活発であることが重要なのです。

出来高は、トレードの個別銘柄の画面で簡単に確認することができます。

◎値動きの材料がある

たとえば前日の**適時開示（証券市場のルールに基づいて投資判断に影響のある重要な情報**

を上場企業が義務としていち早く開示する制度）で、業績の修正などを公開した場合には、その銘柄の株価が大きく上がったり下がったりすることが容易に想定されます。

また、米国で半導体株が下落すれば、日本もその余波を受ける可能性は高くなりますし、ある会社が新商品・サービスのプレスリリースを出せば、関連する会社の株価に影響が出ることもあります。

「個別銘柄の値動き」という葉だけではなく、木や森を見ることが重要です。

条件に合う銘柄は、その時々で変化していきます。これまで一番取引回数が多いのは武蔵精密工業だと述べましたが、ここしばらくはあまり取引していません。株にもトレンドがあるからです。

いま頻繁に売買している銘柄を紹介しても、みなさんがこの本を読むころには変わっている可能性もあります。そのため、自分自身でそのトレンドを見極めることが重要ですね。

参考のために紹介すると、２０２３年7月時点で取引回数が多いのはサンワテクノスやＱＤレーザなどです。

卸売業のサンワテクノスは1949年に創業し、1982年に上場した歴史のある会社ですが、いい会社ですよ。この1年で380回ほど売買をしていますが、負けたことがありません。私にとっては、非常に縁起のいい株です。

2021年1月時点で1000円ほどでしたが、順調に株価を伸ばし、2023年10月6日時点で2000円を軽く超えています。配当利回りが4・16%と高水準で、予想配当は1株当たり90円。PBR（株価純資産倍率）は0・73倍でまだ株価の成長余地があり、時価総額も347億円とまだ小さいです。

PBRは株価の割高・割安の判断に使う指標で、**PBR＝株価÷1株当たりの純資産（土地や工場、設備、有価証券など）**で割り出します。

2023年には東証が、解散価値を示すPBR1倍を下回る企業に対して改善を要請し話題となりましたね。

半導体レーザを扱うQDレーザは2021年に上場し、上場日には2070円まで上昇したものの、その後400円台まで落ち込み、2023年10月6日時点で720

円台をウロウロしています。2023年7月時点で見ると、年初来安値が494円で年初来高値が984円と、500円になっても1000円になっても不思議ではない、値動きが大きい株です。

もし500円で1万株買って950円で売れば、それだけで450万円の儲けです。トレーダーに人気の高い株ですね。私もこの1年で450回近く売買しています。

一般的に、上場したばかりの銘柄は値動きが大きい傾向にあります。そこに儲けのうまみがありますが、まだ市場の評価が固まっていないこともあり、リスクも大きい。上場してからそれなりに日がたっている会社は、ある程度評価も安定してきて値動きは落ち着きを見せますが、チャートのクセをつかめてくるので取引しやすいですね。

中小型株こそ主戦場

私の主戦場は中小型株です。現在、東証は「プライム市場」「スタンダード市場」「グロース市場」の3つに分かれています。2022年に再編されたばかりですが、わかりやすくなったと思います。

それぞれの市場は、次ページのように定義されています。

要は、大企業はプライムへ、上場企業のなかでも小さければグロースへ、といった流れです。ただ、中小型株がプライムにないというわけでもありません。なので、私自身はそこまで市場にこだわってトレードしているとはいえません。

日本のプロ野球でいうと、パ・リーグにいるか、セ・リーグにいるかみたいなものだと考えています。ただ、どの市場に所属しているのかは、銘柄選びで1つの指標になるでしょう。

私が大型株を主戦場としない理由は、いくつかあります。なかでも大きいのが、**大型株では機関投資家に勝つのが難しいことと、値動きが活発でないことです。**

大型株では、「機関投資家」と呼ばれる法人の大口の投資家がライバルになります。機関投資家には銀行、ヘッジファンド、生命保険会社、損害保険会社、共済組合、投資顧問会社などが含まれます。

国内で最大の機関投資家は、**国民年金など公的年金を管理する「年金積立金管理運**

「プライム」「スタンダード」「グロース」市場の違い

プライム市場	多くの機関投資家の投資対象になりうる規模の時価総額（流動性）を持ち、より高いガバナンス水準を備え、投資者との建設的な対話を中心に据えて持続的な成長と中長期的な企業価値の向上にコミットする企業向けの市場
スタンダード市場	公開された市場における投資対象として一定の時価総額（流動性）を持ち、上場企業としての基本的なガバナンス水準を備えつつ、持続的な成長と中長期的な企業価値の向上にコミットする企業向けの市場
グロース市場	高い成長可能性を実現するための事業計画およびその進捗の適時・適切な開示が行われ一定の市場評価が得られる一方、事業実績の観点から相対的にリスクが高い企業向けの市場

具体的には、次の基準が設けられています。

市場	株主数	流通株式数	流通株式時価総額	売買代金および売買高
プライム市場	800人以上	2万単位以上	100億円以上	（新規） 時価総額250億円以上 （維持） 平均売買代金0.2億円以上
スタンダード市場	400人以上	2000単位以上	10億円以上	（維持） 月平均10単位以上
グロース市場	150人以上	1000単位以上	5億円以上	（維持） 月平均10単位以上

用独立行政法人（GPIF）」ですね。

機関投資家は内部に運用規定を設けていることが多いですが、時価総額の小さい銘柄を投資対象から外すケースも多くみられます。というのも、時価総額や出来高が小さな小型株だと、機関投資家レベルの大きな注文を出すと、それだけで株価が動くことがありますし、ある程度買い集めるのも時間がかかるからです。

また、一般的に機関投資家は、ハイリスクな投資は避ける傾向にあります。これらの会社は、顧客から預かった保険料や預金を投資に回します。超低金利の昨今、本業だけでは十分な利益が上げられないからです。

そこで、安定的な大型株が好まれるわけです。

先ほど「大型株では機関投資家に勝つのが難しい」と言いましたが、私は株式投資歴が70年近くありますから、経験や技術の面ではプロのファンドマネージャーに負ける気はしません。

証券会社の社員やテレビで経済について話している人よりも、私のほうがトレードに関する技術は上じゃないかとも思っています。

ただし、組織ぐるみの情報力や最先端のハイテクなコンピュータ、資金力ではどうしても機関投資家に分があります。

彼らは「大きな組織の社員である」という立場をフルに活用して、情報を集めていますが、そういう情報が私のもとに入ってくることはまずありません。

さらに、機関投資家は少し前から、AI（人工知能）を駆使した「アルゴリズム取引」を行っています。これは、コンピュータが過去のデータをもとに株式売買注文の数量やタイミングを自動的に決めるものです。

このアルゴリズム取引には、いくつか例があります。

◎見せ板風▼本当は売買の意思がないのに、ほかの投資家が注文を入れるように大きな注文を出すこと

◎ステルス注文▼市場に気付かれないように注文を出す方法。板ではめぼしい注文を確認できなかったのに、個人投資家が注文を入れようとすると、それを察知して瞬時に注文を入れる

◎**ニュースへの反応**▼社会のニュースや経済指標を監視しているコンピュータが、なにか情報が出たら即座に反応する

ＡＩの進化により、これらを活用した取引の精度は、今後ますます高まっていくことが予測できます。

となると、自動で注文を入れられてしまうような大型株の土俵では、少なくともデイトレーダーとしては、真正面から戦わないほうがいいといえます。

そして、大型株は多くの人が売買する結果、それほど値動きが活発になりません。デイトレードは短期での利幅の上下を利用する取引ですから、値動きはある程度活発なほうがいいのです。

シゲルさんが大切にする相場の格言④

「山高ければ谷深し」
——急騰したからといって手は出さない

急騰した相場は急落しがちであることを指した格言です。ついつい株価が値上がりしたときは「まだ上がるはず」と思ってしまいがちですが、よく知らない銘柄が値上がりしたからといって安易に飛びついてしまうと大やけどをします。高値でつかんで大損してしまった、なんてことにならないように、上がっているときほど気をつける必要があります。

「テクニカル分析」を重視する

よく聞かれる質問の1つに、「どうやって売るタイミングと買うタイミングを見極めているのですか?」というものがあります。正直に言って、この問いは私にとって難しいものです。

なぜなら、私には70年近い投資経験があります。なので、チャートや板を見て直感的に「これは買い」「ここは売り」と判断できてしまうことも多いからです。その直感を言語化することは、非常に難しいといっていいでしょう。

ただもちろん、全部が全部経験によるものではありません。

そこで、私が実際に日々活用していて、誰でも使える手法として紹介できるのが**「テクニカル分析」**です。

投資家ならばよく知っていることですが、相場を分析する方法は、**「ファンダメンタルズ分析」**と**「テクニカル分析」**の大きく2つに分けることができます。

◎**ファンダメンタルズ分析**▼経済ニュースや各国の経済指標をもとに現在の相場を分析し、将来の相場を予想する手法
◎**テクニカル分析**▼過去の値動きから今後の株価を予想する手法

両方やるに越したことはないですし、とくにファンダメンタルズに関しては、株をやっていればニュースに関心を持つようになるので、ある程度はわかるようになりますが、デイトレーダーである私の場合はテクニカル分析を重視しています。

経済全体の流れを意識することはたしかに重要ですが、日本に生きていて英語もわからない状態で、FRB（米連邦準備制度理事会）の考えを先読みしようとするのは無理がありますからね。

一方、過去の値動きから今後を予測するのは、すべての材料がもう出ているわけですから、与えられた条件は公平であり、かつ誰でもできる手法です。

ここで利用するのがチャートですが、どれだけテクニカル分析に精通していても、全部が全部読みが当たるわけではありません。それでも、チャートという目に見えるものを活用することで、「なんとなく上がりそうだから」と購入して、失敗することは減

るはずです。

ひと口に「テクニカル分析」といっても、さまざまな分析手法があります。

▽テクニカル分析指標

◎ローソク足分析

◎新値3本足

◎価格帯別出来高

◎トレンド分析▼市場の全体的な方向性を見極める

例：移動平均線、一目均衡《いちもくきんこう》表、エンベロープ、ボリンジャーバンド、パラボリック、DMI（方向性指数）、MACD（移動平均収束拡散法）

◎オシレーター分析▼トレンドの強さや過熱感といった変化の大きさや兆しを察知する

例：移動平均乖離率、サイコロジカルライン、ストキャスティクス、RCI（順位相関指数）、RSI（相対力指数）

◎**フォーメーション分析▼**特徴的なチャートのパターンから今後の株価の動向を予想する
例：三角保《も》ち合い、ソーサートップ&ソーサーボトム、ダブルボトム&ダブルトップ、ヘッドアンドショルダーズ

見るべき指標は、その時々によって違います。ある指標では「買い」となっていても、別の指標を見るとそうなっていないことも決して珍しくありません。

なので1つだけに絞らず、複数の指標を見ることが重要ですが、いま紹介した指標すべてを確認するのは現実的ではありませんよね。いくら時間があっても足りなくなります。

このなかで私が最も活用しているのは、ローソク足とRSI（相対力指数）です。RSIは0~100%まで幅があり、一般的に30%を下回ると売られすぎ、70%を上回ると買われすぎと判断されることが多いです。

次いで価格帯別出来高、相場の方向性を判断する際に使うMACD（移動平均収束拡散法）。そして、過去の一定期間の投資家の売買コストを考慮して、相場の節目を算出

する一目均衡表と相場の方向性を測る新値3本足の順番です。

なかなか実際に取引しないとわかりづらいところもあるかとは思いますが、まずは基本的なことから1つずつ説明します。

ローソク足

ローソク足とは、一定期間の **「始値」「高値」「安値」「終値」** を活用して一本の棒状の足を生成したものです。チャートの基本といっていいでしょう。

この「一定期間」には1分、5分、30分、1時間、1日、1週間、1か月などさまざまな種類があります。**私自身は5分足を見ることが多いですね。**

始値：一定期間内の開始時の値段
高値：一定期間内で最も高かった値段
安値：一定期間内で最も安かった値段
終値：一定期間内の終了時の値段

ローソク足の「四本値」とは？

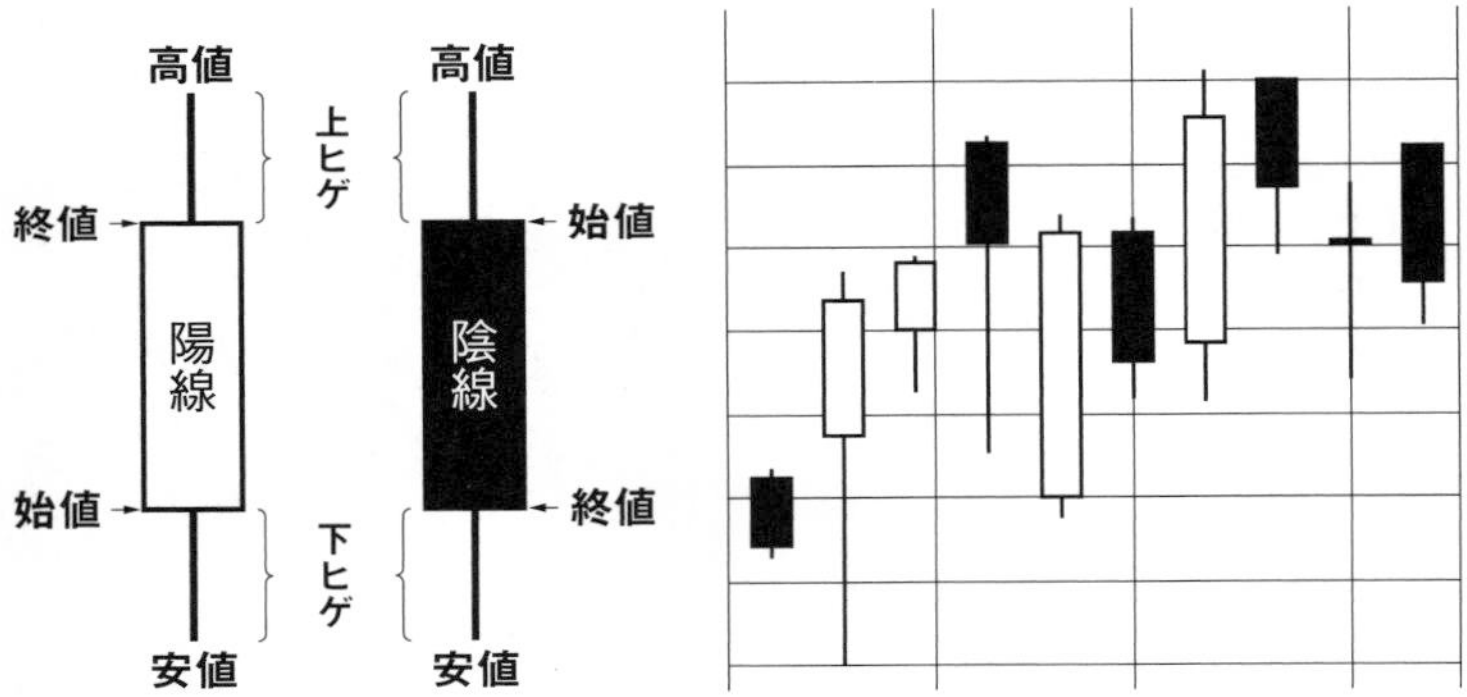

この形が火をともすローソクに似ていることから「ローソク足」と呼ばれています。このローソク足を並べることで、現在の価格が高いのか安いのか、また一定期間のなかでどのような値動きをしてきたのかといった相場の流れをひと目で把握することができます。

いま世界的に使われているローソク足ですが、よく知られるように発祥は日本です。江戸時代に米商人が考案し、大阪・堂島の米取引で使われたといわれます。

ローソク足は、**「陽線」**と**「陰線」「十字線」**などに分かれます。陽線は始値よりも終値のほうが高い場合に現れるもので、白

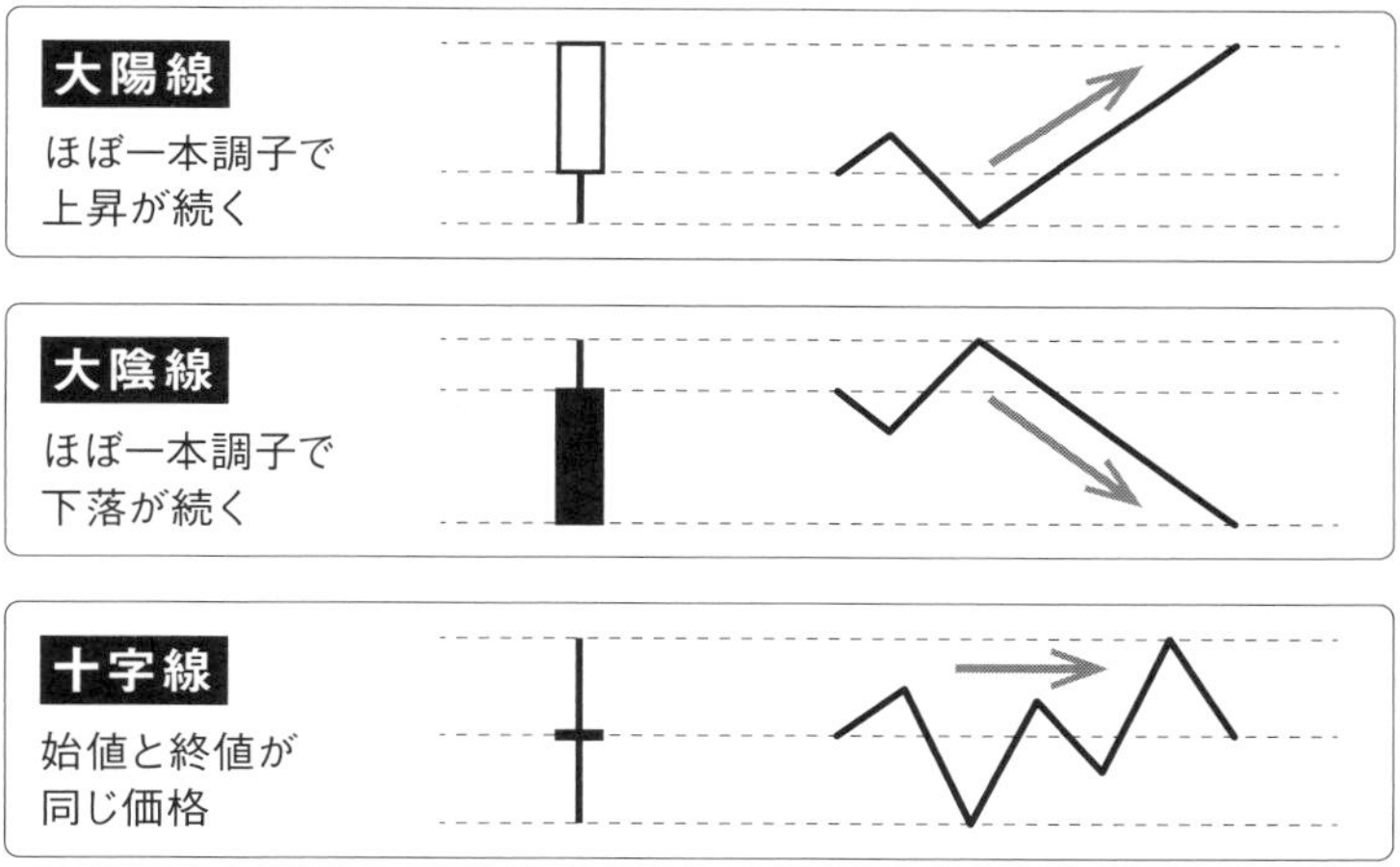

あるいは赤で表されることが多いです。

一方、陰線は始値より終値のほうが低い場合のもので、黒あるいは青で表されることが多いです。

上昇相場では陽線が多く現れます。そして四角で囲まれた部分（実体）から上に伸びた線を**「上ヒゲ」**、下に伸びた線を**「下ヒゲ」**と呼び、それぞれ**「高値」**と**「安値」**を表します。このローソク足は「どんな状態で」「いつ」出されたのかを把握することが重要です。

大陽線・大陰線

ほかのローソク足に比べ、実体部分が大きいもの。

大陽線：買いの勢いが続く。下げ相場での大陽線は上昇転換のサイン
大陰線：売りの勢いが続く。高値圏での大陰線は下落転換のサイン

十字線

始値と終値が同じで上ヒゲと下ヒゲの長さも同じくらいのもの。売り買いの勢力が拮抗《きっこう》していることを表し、相場の転換を示唆する。

小陽線・小陰線

上下に短いヒゲがあり、実体部分が小さいもの。どちらも相場の迷いを表す。

陽線坊主・陰線坊主

上下のヒゲがないもの。

陽線坊主：買いの勢いが強く、今後も上昇が続く
陰線坊主：売りの勢いが強く、今後も下落が続く

小陽線

少し上昇した状態

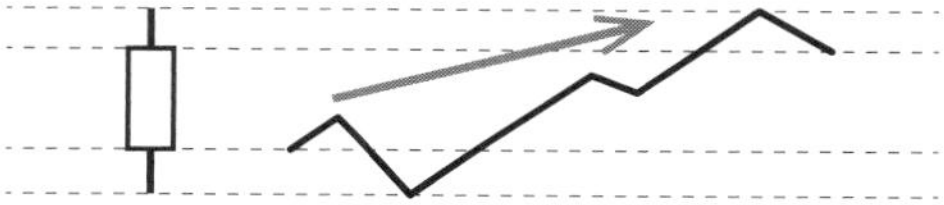

小陰線

少し下落した状態

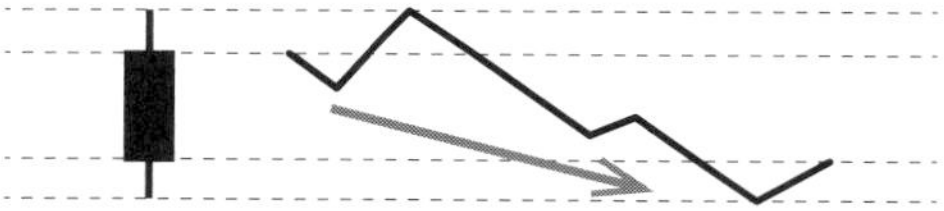

陽線坊主

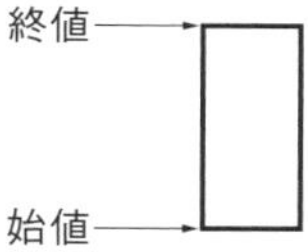

陰線坊主

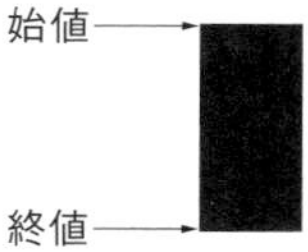

上影陽線

一時的に大きく
値を上げた

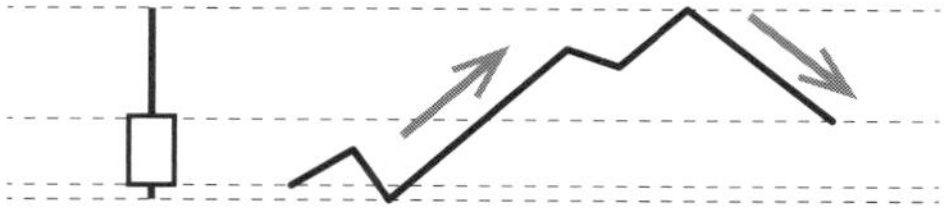

上影陰線

一時的に大きく
値を上げた

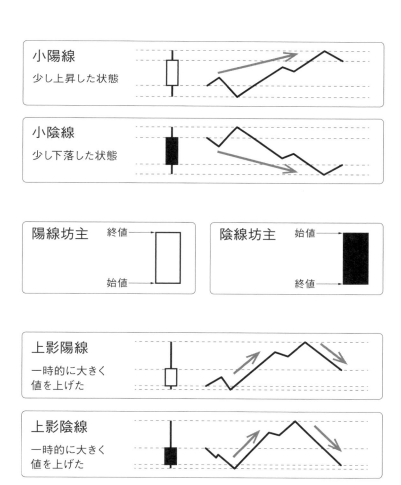

上影陽線・上影陰線

上ヒゲが長いもの。高値圏で出現した場合は下落転換、安値圏で出現したときは上昇転換のサインとなる。

下影陽線・下影陰線

下ヒゲが長いもの。高値圏で出現した場合は下落転換、安値圏で出現したときは上昇転換のサインとなる。

ローソク足の組み合わせ

はらみ線：大陽線・大陰線の後に小陽線・小陰線が現れること
大陽線の後に小陽線・小陰線が現れる：買いの勢いが失速
大陰線の後に小陽線・小陰線が現れる：売りの勢いが失速
抱き線：小陽線・小陰線の後に大陽線・大陰線が現れること

下影陽線

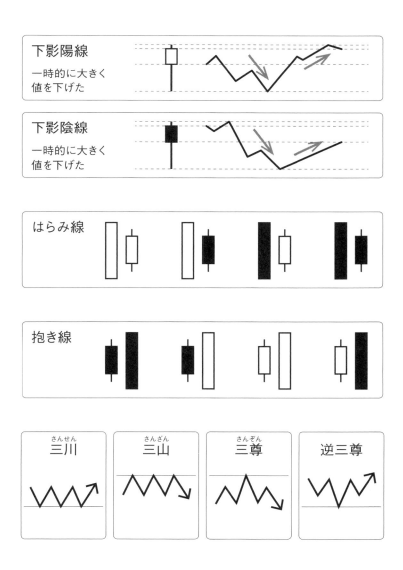

一時的に大きく
値を下げた

下影陰線

一時的に大きく
値を下げた

はらみ線

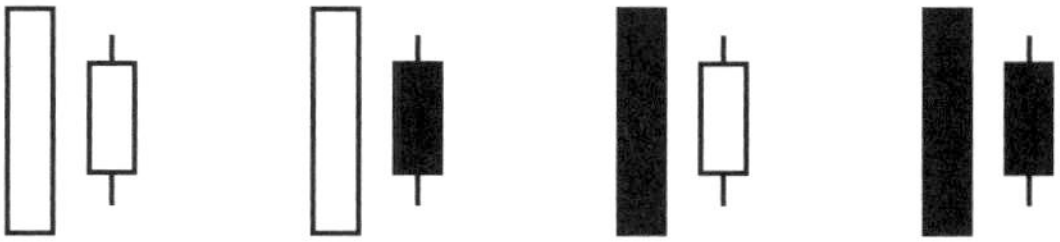

抱き線

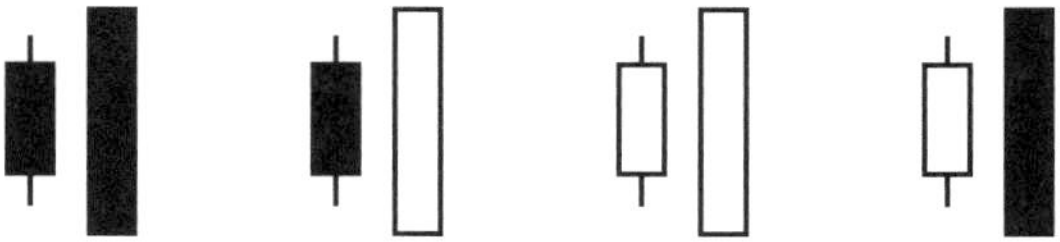

三川《さんせん》

三山《さんざん》

三尊《さんぞん》

逆三尊

上昇相場で小陰線の後に大陰線が現れる：天井の可能性が高いことを示す
下降相場で小陰線の後に大陽線が現れる：底になる可能性が高いことを示す

三山《さんざん》・三川《さんせん》

ローソク足を活用した「酒田五法」の2種類。

三山：上昇を3度試したものの、上昇しきれなかったときに現れる。売りシグナル。3つの山の中央の山が最も高い場合には「三尊《さんぞん》」と呼ぶ
三川：下落を3度試したものの、下落しきれなかったときに現れる。買いシグナル。3つの谷の中央の谷が最も低い場合には「逆三尊」と呼ぶ

価格帯別出来高

過去に売買が成立した株数について、価格帯ごとに集計した指標です。たとえば、ある銘柄が530円までで大量に買われ、その直後に500円まで下落したとします。高値でつかんでしまった投資家は、「次に株価が戻ってきたら売ってしまおう」と考

価格帯別出来高と株価

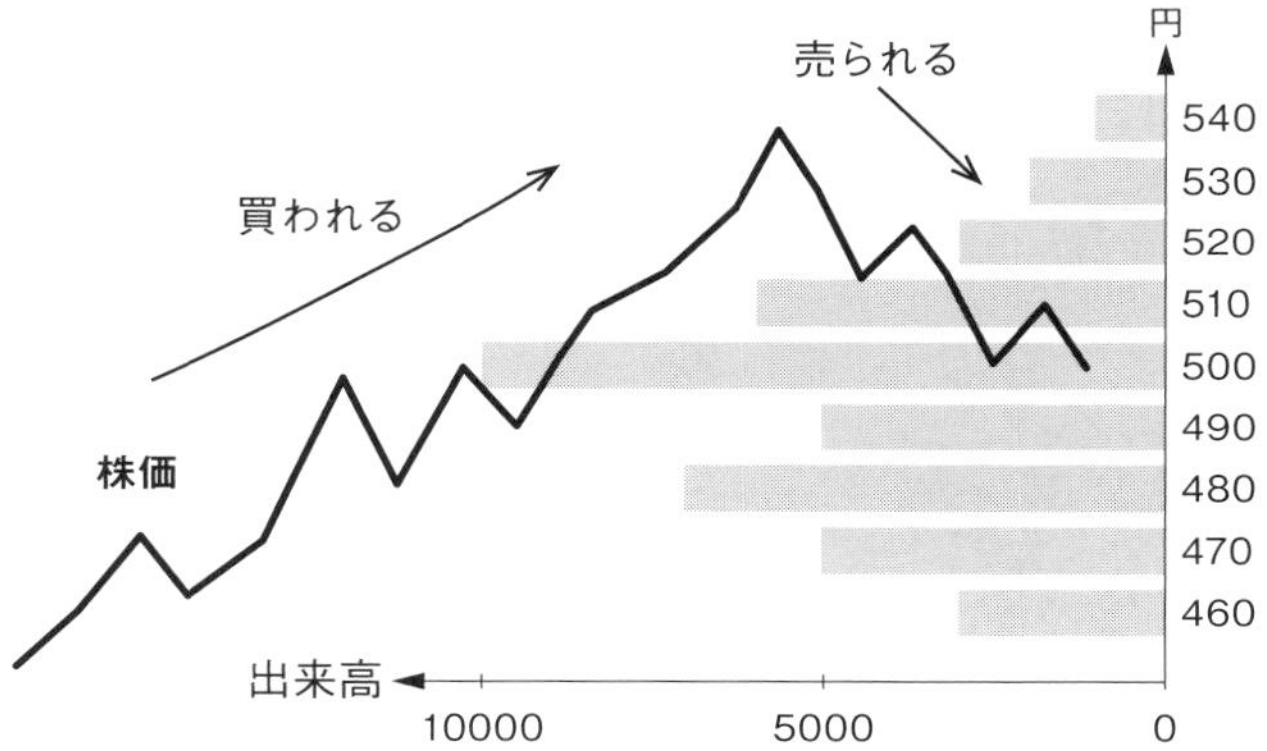

える傾向にあります。そこから、いまの株価よりも高い価格で出来高が多い場合、そこで株価が止まってしまう可能性が高いと考えられます。

逆に出来高の少ない価格帯に関しては、株価の値動きが軽く、一気に急上昇・急下落する傾向にあります。

RSI（相対力指数）

RSI（Relative Strength Index）は、買われすぎか売られすぎかを見る指標です。次の計算式で表されます。

RSI（相対力指数）

RSI ＝ 一定期間の上げ幅の合計 ÷ 同じ一定期間の上げ幅と下げ幅の合計 × 100（%）

数値は1～100%で示され、70%以上で買われすぎ、30%以下で売られすぎと判断されます。「一定期間」は自分で設定することもできますが、14日で計算されることが多いです。

RSIは、とくにある程度上限と下限の価格が決まった**「ボックス相場」**で機能するとされています。

逆に株価が乱高下する**「トレンド相場」**では、「買われすぎ」となっていても、さらに相場が上昇したり、「売られすぎ」に見え

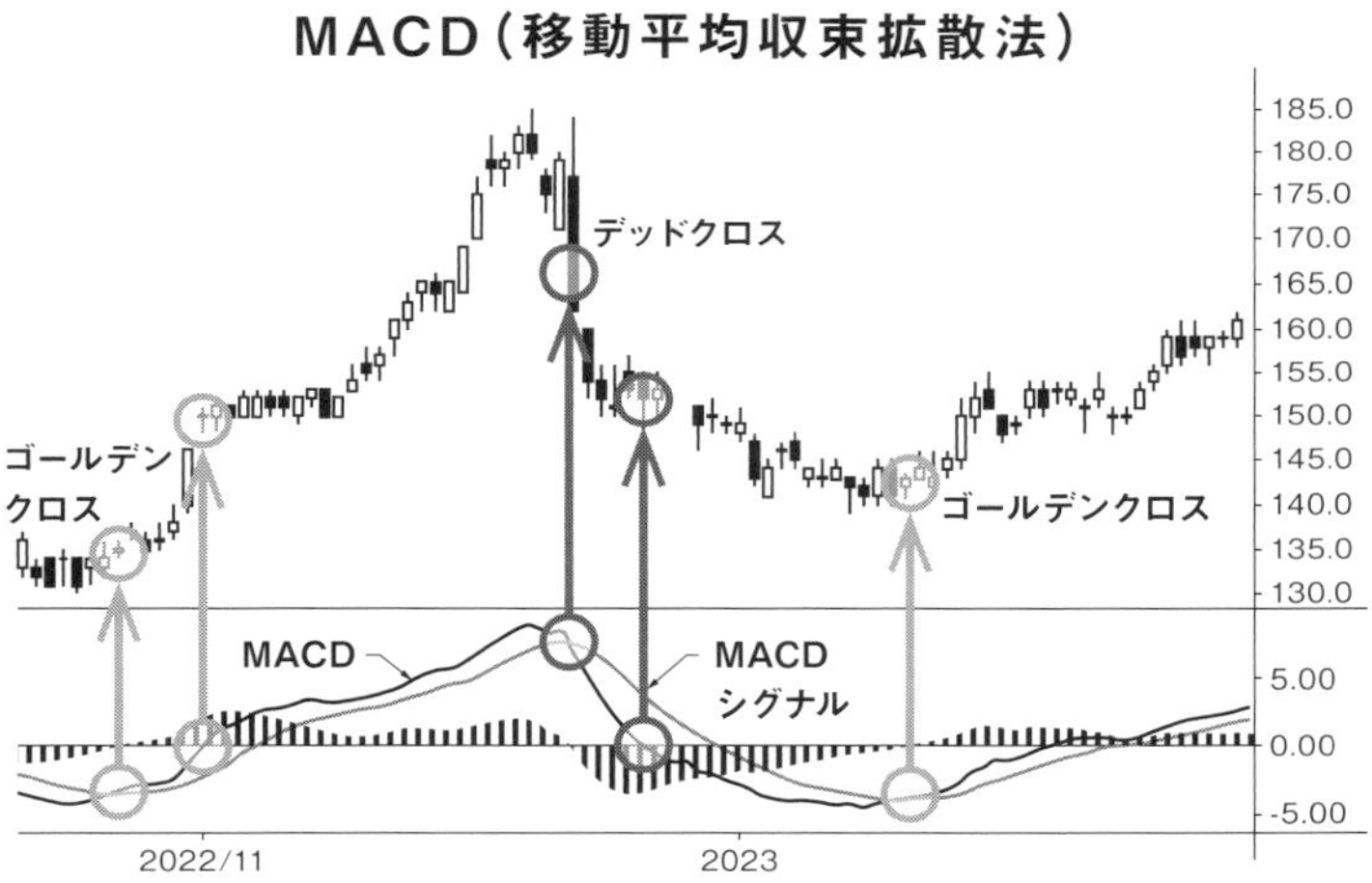

る場面で、さらに下落したりすることもあります。

MACD(移動平均収束拡散法)

MACD(Moving Average Convergence Divergence)は、**「MACD」**と**「MACDシグナル」**という2本のラインの交差を見ることで、買いと売りのタイミングを判断する手法です。これはRSIと異なり、トレンド形成時に活用しやすい指標です。

MACDはそもそもテクニカル指標の1つである「移動平均線」をベースにしています。移動平均線とは、一定期間の終値の平均値をつなぎ合わせた折れ線グラフです。

移動平均線が上向き：上昇トレンド
移動平均線が下向き：下降トレンド

価格が移動平均線の上にあれば強い相場、下にあれば弱い相場と見ることができます。ちょっと難しいので、この段落は読み飛ばしていただいて結構ですが、**MACDは「短期の指数平滑移動平均線 − 長期の指数平滑移動平均線」を示します。**「指数平滑移動平均」というのは、過去の価格よりも直近の価格に比重を置いて計算された値です。そして**「MACDシグナル」**というのが、MACD線の指数平滑移動平均線になります。

言葉にするとやや難しく感じられると思いますが、チャートを見るのはそこまで難しくありません。2本の線の交差を見るのがポイントです。

ゴールデンクロス：MACDがMACDシグナルを下から上に抜けたポイント　**【買いのサイン】**
デッドクロス：MACDがMACDシグナルを上から下に抜けたポイント　**【売りのサイン】**

「陰転」と「陽転」とは？

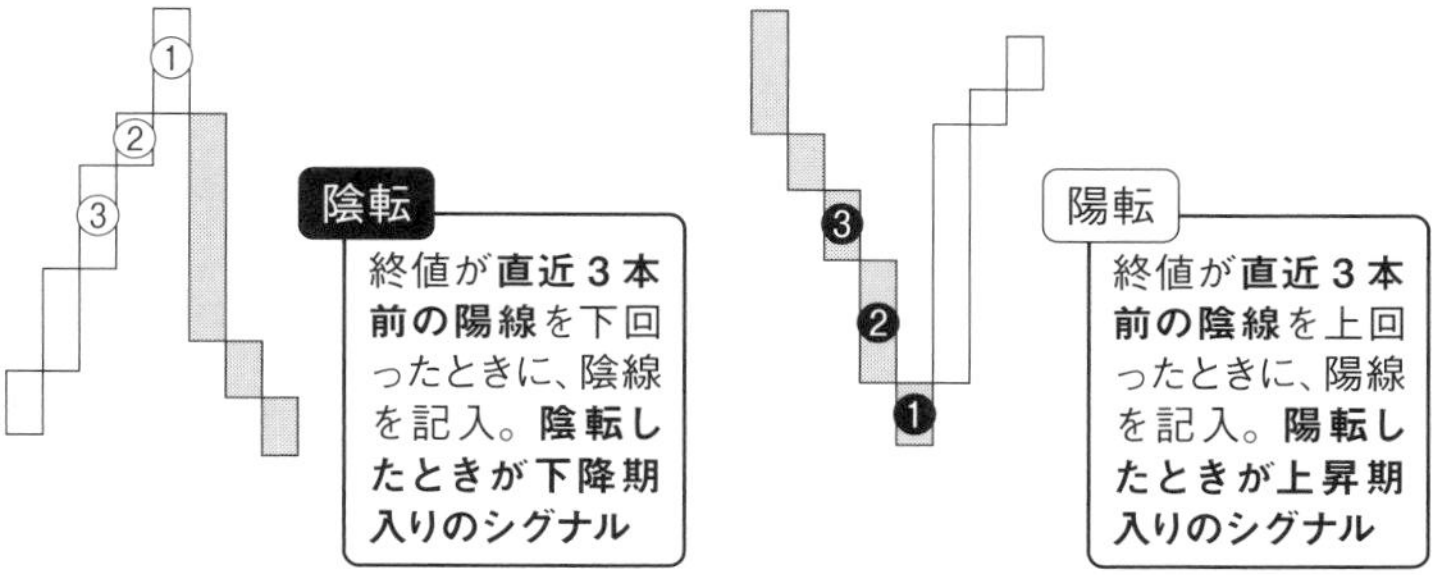
①
②
③
陰転
終値が**直近3本前の陽線**を下回ったときに、陰線を記入。**陰転したときが下降期入りのシグナル**
③
②
①
陽転
終値が**直近3本前の陰線**を上回ったときに、陽線を記入。**陽転したときが上昇期入りのシグナル**

また、交差しなくても2つの線が上向きであれば上昇トレンド、下向きであれば下降トレンドにあります。

新《しん》値《ね》足《あし》

時間の概念を排除した珍しいテクニカル分析です。「新値3本足」や「新値5本足」「新値10本足」などがありますが、**私が使っているのは新値3本足です**。株価の終値が高値を更新、あるいは安値を更新するたびに表に記入していきます。

新値3本足とは、直前の陽線または陰線を「3本」包み込むというものです。わかりづらいかもしれないので、具体的な数値で表しましょう。

1日目　1000円
2日目　1020円（高値）
3日目　1040円（高値）
4日目　1060円（高値）
5日目　1080円（高値）
6日目　1070円（反落）
7日目　1030円（3本陽線を包む、陰線）
8日目　1020円（安値）

このように陽線3本を陰線が包み込むことを**「陰転」**、逆に陰線3本を陽線が包み込むことを**「陽転」**といい、転換した地点がそれぞれ売りシグナル、買いシグナルとなります。高値を付けるか安値を付けるまで更新されないので、しばらく動かないこともありえます。

一《いち》目《もく》均《きん》衡《こう》表

一目均衡表も、昭和初期に「**一目山人**《いちもくさんじん》」というペンネームの日本の株式評論家・細田悟一が生み出した手法です。「相場は売り方と買い方の均衡が崩れた方向へ動くものであり、相場の行方は一目瞭然である」という考え方にもとづいています。

一目均衡表は、ローソク足と5つの線で構成されています。

◎**基準線**：過去26日間の最高値と最安値の中心地を結んだ線
◎**転換線**：過去9日間の最高値と最安値の中心地を結んだ線
◎**先行スパン1**：基準線と転換線の中心を26日先に先行させたもの
◎**先行スパン2**：過去52日間の最高値と最安値を26日先に先行させたもの
◎**遅行線**：当日の終値を26日前に記入したもの

初心者であれば線の1つひとつの意味を覚えるのは難しいかもしれませんが、それぞれの線の名前くらいは覚えておいたほうがいいでしょう。

それぞれ、次のように活用できます。

基準線と転換線を活用したもの

基準線が上向き：上昇トレンド

基準線が下向き：下降トレンド

基準線が上向きの状態で転換線が基準線の下から上へ抜ける（ゴールデンクロス）：買いシグナル（好転）

基準線が下向きの状態で転換線が基準線の上から下へ抜ける（デッドクロス）：売りシグナル（逆転）

先行スパンを活用したもの

先行スパン1と先行スパン2に挟まれたゾーンのことを「雲」と呼びます。

ローソク足が雲の上にある：強い相場

ローソク足が雲を下から上に突破した場合は上昇サイン（好転）となります。

ローソク足が雲の下にある：弱い相場

ローソク足が雲を上から下に突破した場合は下落サイン（逆転）となります。

「三役好転」と「三役逆転」のポイント

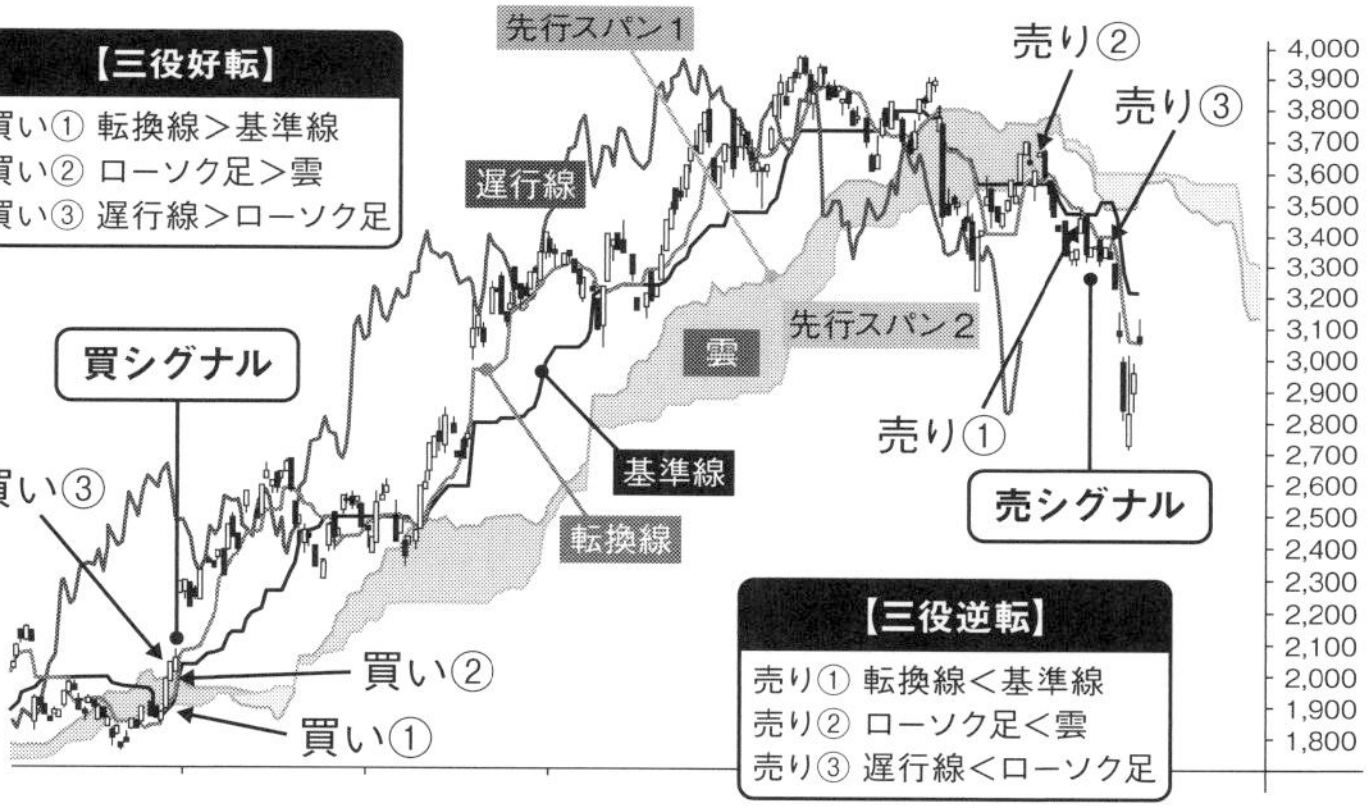

> **遅行線を活用したもの**
>
> **遅行線がローソク足を上回る**：買いシグナル（好転）
>
> **遅行線がローソク足を下回る**：売りシグナル（逆転）

「好転」の条件が3つあることがわかるかと思います。この「転換線が基準線を上回る」「ローソク足が雲を上回る」「遅行線がローソク足を上回る」の3つがそろった場合には、**「三役好転《さんやくこうてん》」**といい、非常に強い買いシグナルとなります。

私がいま紹介したチャートは、テクニカル分析のなかでも基本的なものだといっていいでしょう。実際のチャートと照らし合わせれば、ある程度のところまではすぐに使えるようになるはずです。

いろいろな指標がありますが、シンプルで長く使われているものが、結局役立ちます。投資歴68年の私が言うんですから、信ぴょう性があるでしょう（笑）。

売買タイミング

では、具体的にチャートを使って、どのように売買しているのかを説明しましょう。

まず原則として、私が株を売買するタイミングはシンプルなものです。

買われたものを売りに行く。売られたものを買いに行く。

買うタイミングは、「安い」と思ったときですし、売るタイミングは「高い」と思ったとき。基本的には、それだけの話です。

今日の値より明日の値が安くなるかもと思ったら、今日の値が安い（低い）と思っても売らなければいけないですし、逆もまたしかりです。「ひょっとしたら上がるかも？」と甘い期待を持っていたら、やられるだけです。3円でも5円でも上がったら売る。それが重要です。

板情報からほかの投資家たちの動向を探りつつ次の一手を決める

そのタイミングを計るのがチャートなのですが、株価ボードを見ていて売買が活発だなと思ったら、その銘柄の個別情報を見ます。まずは板を見て、いくらでどれくらい注文が出されているかを確認します。

それからチャートを見ます。最初に表示させることが多いのが、ローソク足（5分足）に価格帯別出来高、RSIとMACDです。

次に、5分足を日足あるいは週足に変更します。とくにＲＳＩの場合、5分足よりも日足や週足、月足のほうが、より正確に相場の過熱感を反映しています。

ただし、週足や月足で見る場合には、週

足は月曜日の株価、月足は月初めの株価を反映しているものなので、頭のなかで微調整することが求められます。

売買が活発で、RSIが70％あれば、売り注文を出します。逆に、30％以下であれば買いに行きます。チャートが三山・三川を描いていれば、なおいいですね。

一見右肩上がりで、これから期待できそうなチャートに見えても、RSIが70％近ければ売ってもいいタイミングです。

RSIはしばらくの間、似たような数字が続くことも多いので、「1：2：6」のルールに従って、まずは70％を超えた時点で一部を売ってみるのも有効です。

もちろん、なかにはRSIが80％、90％になるまで上昇することもありますが、そこで「しまった！　持っておけばよかった」と思うことはありません。それは「たまたま」だからです。たまたまに期待してお金を投じるのは、丁半ばくちと同じですよ。

RSIは私のなかではかなり有力な指標として、日々取引履歴を書き留めるノートにも記載しています。とはいえ、当然のことながら、相場に「絶対」なんてありません。もしあれば、みんなそれを使えば勝てるわけですからね。

ＲＳＩにしても、同じ50％でも買いにいくときもあれば、売りに行くときもありま す。より精度を高めるためには、その銘柄のクセをつかみ、ほかの指標と見合わせることが重要です。

私が２０３０年に向けて持っておくべき株だと思っているジーテクトの半年間のチャートを次ページで見てみましょう。

日足を見ると、一番の買い場は6月1日でした。同日のＲＳＩは「29％」。まさに「売られすぎ」を示す数値です。

同日の株価は高値が１３２９円、安値が１３１３円でした。このＲＳＩが、6月19日にはＲＳＩが78％を記録しています。高値は１６６２円、安値は１５７１円です。３週間もたたないうちに、ＲＳＩはそこまで変動するんです。

ＲＳＩが29％であれば、思い切って買ってもまず失敗しません。

たとえば５０００株買い、ちょっと上がってきたところで少しずつ売っては、また安いところで買うという売買を繰り返しつつ５０００株を保持し、6月19日の時点で

ホンダ系の自動車骨格プレス部品メーカー
ジーテクト(5970)のチャート

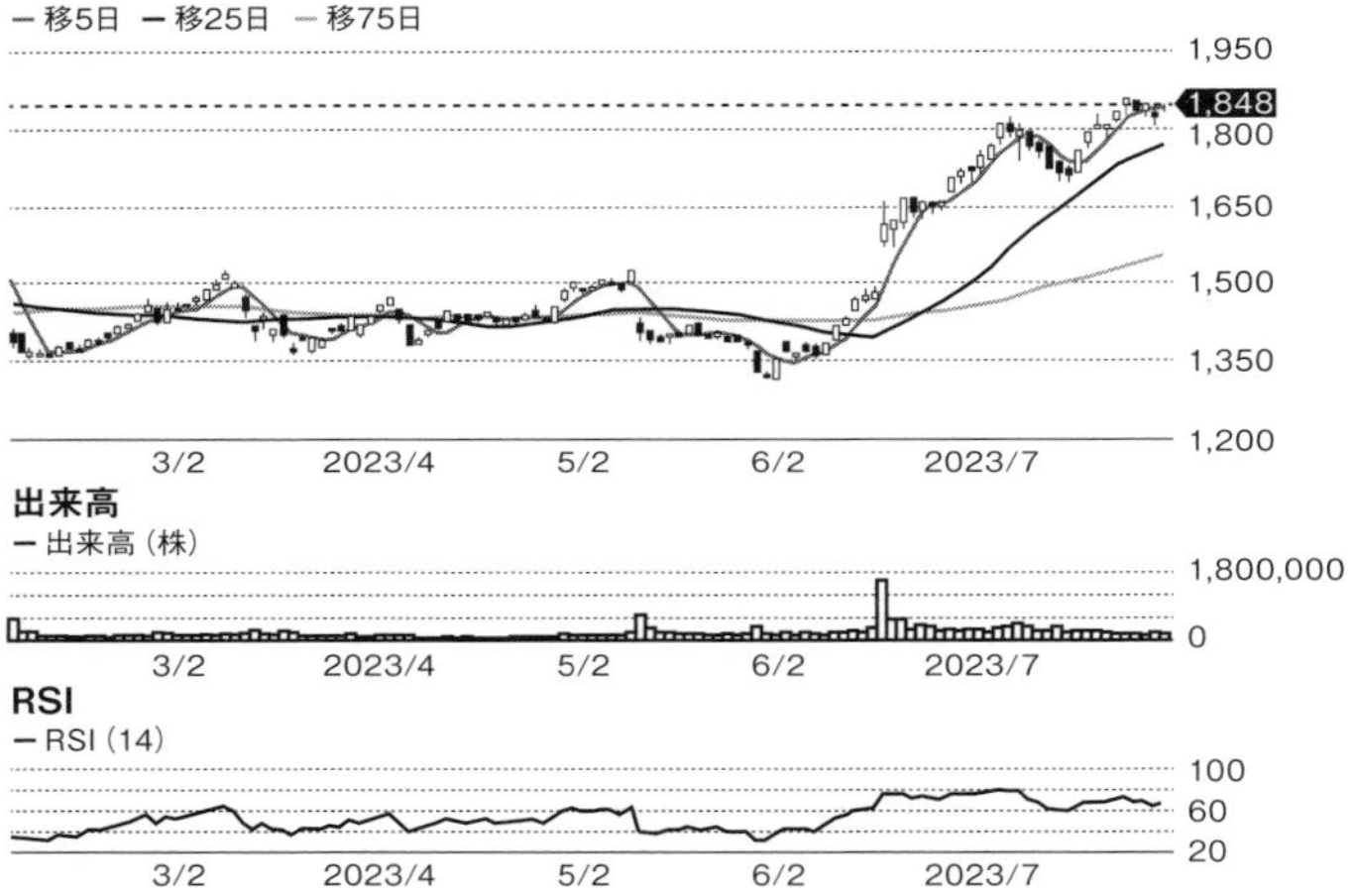

5000株を全部売ったとしたら、仮に6月1日の最高値で買い、6月19日の最安値で売ったとしても、その日だけで121万円の利益を得ることができます。

6月19日は出来高も多く、絶好の売り場であることがわかります。

これくらいわかりやすいチャートであればいいのですが、RSIでは「良い」とも「悪い」ともいえず、売買を悩む場合、あるいはほかの指標で見たらどうなるかを確認したい場合、新値3本足や一目均衡表を確認します。

先人たちの知恵の詰まったチャートは極めて有効ですが、すべての指標で「買い時」「売り時」を示すことはそうありません。同じ風景であっても、上から見るか横から見るか、下から見るかで、見え方は変わりますよね。株にも同じことがいえるのです。

一目均衡表で見たときには、6月19日がまさに「転換線が基準線を上回る」「ローソク足が雲を上回る」「遅行線がローソク足を上回る」日であり、「これから上昇するだろう」と見ることができます。

そのため、同日に売ることは確定しても、「RSIは高いけれども一目均衡表を見るにまだ上がるはず。一部を売って残しておこう」と考えるか、「RSIが78%は高すぎる。いったん全部売っておこう」と判断するかを考えることになるわけです。

なお、RSIはあくまで「一定期間の上げ幅の合計 ÷ 同じ一定期間の上げ幅と下げ幅の合計 × 100」で表されるものなので、株価が上がったからといってイコールRSIが高いわけではありません。

たとえば7月26日、1856円の高値を付けたときのRSIは71%と、高値が1662円だった6月19日時点よりも値は低いのです。

また、とくに初心者の場合、急落時にRSIが下がったからといって「いまが底だ」と思って買うのは危険です。「底」だと思ったところは多くの場合、まだ底ではありません。急落時に底を打つまでじっと待ち、満を持して買うことも重要です。

まずはRSIとローソク足を駆使して買い時や売り時を判断するのが基本。そして、使いやすいテクニカル分析を試してみて、自分のやり方を確立することをオススメします。

初心者の人が文字だけを追っていてもあまりピンとこないとは思いますが、ぜひ自分で実際に株の動きと照らし合わせてみてもらいたいですね。

「決算プレイ」に自信アリ

決算発表のシーズンは大変ですよ。普段売買している銘柄の決算を確認しなくちゃいけません。だいたい同じ時期に発表されるので、一日数十件、多いときには数百件以上の決算発表が行われるときもあります。

しかも、決算は年4回発表されます。上場会社は、四半期終了後45日以内に「四半期報告書」を提出することが、法律により義務付けられています。そして、同様のタイミングで「決算短信」が発表されるわけです。

たとえば、3月末の決算であれば、5月中旬ごろに公表されるケースが多く、その3か月後、またその3か月後と次の四半期決算が発表されます。昔は私も株主総会に足を運ぶこともありましたが、ネットで見るほうが簡単ですし早いので、いまはほとんど行っていません。

めぼしい保有銘柄については、決算日と決算発表時間をチェックし、カレンダーに書き込んでいます。**決算の内容を材料に短期的な利幅を狙って売買することを「決算プレイ」といいますが、この決算プレイには結構自信があります。**

まず決算が近づいてきたら、決算でその企業の株が上がりそうか下がりそうかを判断する必要があります。好決算が出そうであれば買い増し、悪い決算が出そうであれば決算前に売らなければなりません。

そのような判断をするために、市場の予想を確認しておくことも重要です。そのためにテレビや新聞、ウェブメディアや雑誌など、あらゆる媒体を活用します。

ここで難しいのが、決算が良かった、あるいは悪かったといっても、それがイコール決算発表後の株価とはならないことです。決算発表の内容が良かったとしても、市場がその内容を上回る期待をしていた場合には、**「材料出尽くし」**となり、株価が上昇しないケースがあります。

同様に、決算内容がそこまで良くなかったとしても、もっと悪くなるだろうと予測されていた場合には、**「織り込み済み」**とされ、株価が反発する場合があります。

決算前に出された材料を加味して、それでも高くなるか安くなるかを判断する必要があるのです。

ちなみに、当然ですが決算内容は本来、発表前には決して漏れてはいけないものです。しかし、決算直前の株価を見てみると、とくに上がる材料はないのに上がっている、あるいは下がっている場合があります。

これは何かしらで決算内容が漏れ、それが株価に反映されている可能性があります。そのような〝怪しい動き〟を見逃さないことも重要です。

もちろん、決算発表直前に不自然に上がっているからといって「ははぁ、これは決算が漏れているかもな。買いや」と買いに行ったところで期待を裏切られる決算が発表され、株価を大きく下げる場合もあります。それが株の難しいところでもあります。

そして、決算が発表されたら、素早く内容を確認します。決算発表はだいたい引け後に行われることが多いですが、翌日にはその発表を受けて値が動くわけですから、まさに時間との戦いです。

うかうかしていたらせっかくの利益を得るチャンスを逃してしまったり、大きく損をしてしまったりすることがあります。

具体的には、「収益性はどうなっているか」「想定との乖離《かいり》はどうなっているか」を調べる必要があります。当初の業績予想に対して上方修正されていれば株価は上がりますし、逆であれば下落します。

増収・増益だったとしても、重要なのは「予想に比べてどうか」です。予想よりも減益であれば株価は下がります。株価が上がるには、少なくとも予想どおり、できれば予想以上の決算であることが求められます。

予想を確認するだけでなく、実際の業績と予想を比べて自分の頭で考えることが何より重要です。たとえば、仮に年間売上高40億円を予想している企業があるとします。それで第1四半期の売上高が12億円あれば、年ベースでは単純計算で48億円となりますよね。そうなれば、基本的には「買い」です。

私は決算が発表されたら、その発表を受けて銘柄を買うかどうかの判断をノートに書き込んでいます。

買いなら「A」、まずまずなら「B」、いったん見送るのが「C」です。またそれぞれのランクのなかでも、「AAA」や「B+」のように評価を細分化しています。

ほかには「注」もあります。「注」を付けるのは、「いまの値段では買わないけれど、今後安くなってきたら買う」という銘柄です。

発表されていないことも、決算から読み取る力が必要です。いまの配当と見比べてみて、決算の内容が良ければ今後「増配もあり得るな」と考えます。もし増配となればまた株価が上がりますから、買っておいて損はないと判断する。

1つの決算で、そこまで考える必要があるのです。

『会社四季報』を使い倒す

チャートを読むのは重要ですが、情報を集めることも非常に重要な行為です。たとえるなら、個別銘柄のチャートは「葉っぱ」なわけです。葉っぱの動きを読むには、枝や木全体の動き、森全体の動きを見なくちゃいけません。

枝は「決算」、木は「日本経済」、森は「世界経済」に当たるでしょうか。

私は、起きている間はずっと日経CNBCを流していますし、新聞や雑誌もチェックするなど、可能な限り情報を集めています。そして、自分のなかで、ある程度のストーリーを組み立てているのです。

『会社四季報』（四季報）も個人投資家の強い味方です。四季報とは、各四半期の直前に発売されるもので、全上場企業の業績予想などを掲載しています。

創刊は1936年、私と同じ年ですね。いまはネットでオンライン版もありますが、私はもっぱら紙で見ています。それぞれの号には、次のような特徴があります。

◎**夏号（6月）**：上場企業の約7割は3月期決算、そのため夏号では決算を完全収録したうえで、新年度の予想を掲載
◎**秋号（9月）**：第1四半期業績を掲載、通期の予想の達成が難しくなっている企業が早くも現れ始める
◎**新春号（12月）**：通期の着地点の見通しを掲載、記者の腕の見せどころ
◎**春号（3月）**：通期の着地点がほぼ見え、来期の動向に関心が移る号で、来季の有望企業を先回り買いするのに最適

私は四季報を定期購読しているのですが、そうすると発売日より1日早く送られてくるんです。この1日の差が嬉しいんですよね。定期購読していない人に比べて1日先に情報を手に入れられるわけですから。私にとっては少し文字が小さいですが、ルーペも活用しながら読んでいます。

四季報には業績記事や財務状況、業績数字などがコンパクトにまとめられています。業績予想については会社が公表したものと、記者が独自予想したものが載せられています。大したものですよ。

私は保有銘柄だけでなく、全ページに目を通します。見るところはやはり業績の数字ですね。これまで買ったことがない銘柄でも四季報を読んで興味を持ち、購入することもあります。

予想から営業利益を増やしたかどうかは、記事を読み込まなくても欄外の記号だけでわかりますから、初心者であれば、まずはそのような記号を探してみるのもいいでしょう。

私は決算が出たとき、保有銘柄の決算内容と四季報の予想とを比較することで、通期がどうなるかを考える材料にもしています。

ちなみに、四季報には上位株主10人の名前と保有株数が掲載されています。私自身、2023年春号の四季報では、「ストレージ王」と「東武住販」の2社で名前が載りました。

もうずっとどこかしらの会社の大株主として名前が載っているので、あまり感慨はありませんが、大株主として名前が載ることは「個人投資家の夢」だという人もいるくらいです。

ちなみに、会社の発行済み株式の10％以上を所有するような大株主は、「内部者登録」をしなくちゃいけないという決まりもあります。

その企業の株を売買しようとすると、「私は内部者には該当しますが、インサイダー取引には当たりません」というチェックボックスにいちいちチェックを入れなければいけないので、ちょっと面倒ではありますね。

シゲルさんが大切にする相場の格言⑤

「漁師は潮を見る」——個人投資家はチャートを見なさい

漁師は魚をとるとき、潮の流れを重視します。株式投資も同じです。勘に頼るのではなく、チャートという過去の動きや経済の流れをしっかりと確認し、その波に乗って取引することでようやく成果が出るのです。

コラム③

毎朝の散歩で投資のヒントを拾う

一見すると投資とは関係ないような日常生活も、投資とは切っても切り離せないものです。散歩もその1つ。**私は、平日は40〜50分、休日は2時間かけて散歩をしています。**

神戸は海と山が近い土地ですが、平日は急勾配を登ったところにある公園まで、休日は山の中腹にある神社まで歩いています。到着したら、柔軟運動をします。普段ずっと座りっぱなしなので、ここで身体を伸ばすことを心がけているのです。

ちなみに休日に訪れる神社は六甲山の登山道にあるので参拝客も多く、毎日のように登っている人も大勢います。私くらいの年齢の人も多くいますよ。自転車で行くのは難しいくらい坂道は急ですが、景色もよく、気持ちがいいです。

散歩の時間は日によってまちまちですが、朝8時には家にいる必要があるの

朝散歩の途中で公園に立ち寄り、足腰をストレッチして健康管理を欠かさない

で、遅くても7時台には出かけます。多いのは、先物を確認してひと息つく6時台から7時台にかけてですかね。

近所で毎朝6時半からラジオ体操をやっているので、それに参加する高齢者とよくすれ違います。その後、家に帰ってもすることがないと嘆くくらいなら、株をすればいいのにと思いますけどね（笑）。

散歩の大きな目的は、体力づくりです。ずっと椅子に座りっぱなしでは身体に良くないので、どれだけ忙しくても散歩をする時間は確保するようにしています。年をとるにつれて、自発的に体力をつけようとすることは大事だと思います。健康なくして、投資はできませんからね。

散歩のいいところは体力がつくだけではありません。投資の参考になる情報も得られます。散歩道の途中には線路がありますが、電車を見て「コロナが流行する前より人が増えているな」と確認し、貨物列車を見ては「いまの貨物輸送需要はどうなっているんやろう」と考えるわけです。それが運輸業界への投資につながっていくこともあります。

２０２４年にはトラック運送業界での時間外労働規制が実施されることから、代替輸送手段として貨物鉄道が注目されています。コロナ禍で鉄道業界は大きな痛手を受けましたが、このような分野では成長が期待できるかもしれません。

はたまたコインパーキングに目をやり、「最近はよく車が停まっているな」と思えば、その運営会社の業績をチェックすることもあります。もちろん、1つのパーキングだけを見て判断するのは早計ですから、ほかのパーキングも注視することになります。

途中の空き地に家が建築され始めたら、「どこの不動産会社が建てているんやろか」と確認します。よく見かける名前であれば、「この建設会社は、最近勢いがあるな」と肌感覚でわかります。

それにしても、いまは昔より建設ペースがゆっくりになっていると感じています。昔はすぐに売れていたような家でも、まだ買い手が決まっていないことも多いのです。私が住んでいる付近は住みやすく、わりと人気がある土地ではあるのですが、その分値段が高い。

人気はあるのに売れないとなると、「この価格を出して家を買うことができない人たちが昔より増えているんやな」という結論にたどり着きます。

日経平均株価が30年ぶりの高値圏だなんだといっても、日本経済そのものは当時より地盤沈下が進んでいることは目に見えて明らかですよ。

駅前の店の入れ替わりも、経済のはやり廃りを教えてくれます。

近年、銀行や不動産業者を始めとして多くの店が、私が住む土地からなくなってしまいましたが、それを見るだけでも「この土地に富裕層が減ってきたんや

朝散歩の途中でコインパーキングをチェックして株式投資につながる情報を収集

な」とわかります。一時期できた高級食パンを売る店も、気が付けば撤退していましたね。

ときには神戸の中心地まで出ることもありますが、最近はコロナ禍で減少していた外国人の数も増えてきました。そうなると、インバウンド（訪日外国人）関連銘柄にも期待できますよね。人が行列をつくっているお店を見れば、いま街で何が流行しているかがわかります。

このように、自分の身の回りに投資と関連することというのが、必ずあるはずです。自分が好きなものを発売している企業なら、応援もしたくなるでしょう。

私には関係ありませんが、小さい子どもがいるなら、ファミリー向けのレストランやショッピングモールに入っているテナントといったところの動向がつかみやすいでしょう。

私は最近のＡＩなどのハイテク銘柄については疎《うと》いのであまり手を出しませんが、そうしたテクノロジーに詳しければ、ほかの人よりもそういう分野の銘柄で稼ぐことができるかもしれません。地方に住んでいる人なら、自分の土地で強い企業のことなら、ほかの土地に住んでいる人よりも詳しいはずです。

株の入り口は、決して難しくありません。

まずは自分が自信を持って「この企業は詳しい」「この企業は好きだ」と思える企業の株から入ったらいいと思います。もちろん、「好き」なだけで買ってしまうと、大やけどをしてしまう可能性もあります。

その企業の業績はどうなっているか、配当はどうなっているかなどをきちんと確認しなければならないのは言うまでもありません。

Part 4

上がったら売る、下がったら買う

株価を動かすのは「材料」ではない

株は「上がったら売る、下がったら買う」、これに尽きます。この本質は何年たとうが変わりません。

でも、それができたら苦労はしないわけですよね。

人間はどうしても株が上がったら買いたくなりますし、下がれば売りたくなってしまいます。愚かな生き物なんです。

株で失敗した多くの人が、次のような経験をしています。

- 高くなっている株を「まだ上がるはずだ！」と高値づかみしてしまう
- 少し上がったところで値下がりするのが怖くて売ってしまう
- 値下がりしても「きっと上がるはずだ」と根拠のない願望を抱いてしまう
- 「いまが買い場だ」と無計画にナンピン買いしてしまう
- 有名な投資家が推薦した株を何も考えずに買ってしまう

● 「なんとなく」「有名な企業だから」で株を買ってしまう
● 「安くなったら買おう」と思っていたが安くならず、買い逃してしまう

これは「普通」の人間の思考です。投資家として成功するためには、この「普通」を抜け出さなくちゃいけません。

みんなと同じようなことをやっている限り、他人より成功することはできません。どこかで大きく失敗もします。そして、相場の世界から去ってしまうことにもなりかねません。せっかく株を始めたのに成功する前にやめていってしまうのは、もったいないことだと思います。

株価が動くのは、誰かが買ったり売ったりするからです。材料だけで株価が動くわけではありません。なので、**本当に重要なのは「材料そのもの」ではなく、「その材料を受けて人々がどう反応（売買）するか」を考えることにあります。**

材料についても、うかつに飛びついてはいけない材料もあります。つまり、〝投資家心理を読む〟必要があるのです。

投資家心理を読むためには、まずは敵を知らないと話になりません。

ほかの投資家たちの心が読めたらいいですが、そんなことはできないので、**チャートの値動きを見ながら相手が何を考えているかを想像する必要がある**のです。

戦う相手は、投資銀行やヘッジファンドといった投資家から、大口の株主、ベテランの個人投資家、初心者に毛が生えたような人たちまでさまざまです。

将来成長が見込める株であっても、「いつでも買っていい」ということではありません。**どんな株にも「買うべきタイミング」と「売るべきタイミング」があります。**それらを見極めないといけないわけですから、厳しい世界ですよ。

こんな厳しい世界で勝ち続けられるのは、天才か詐欺師しかいないんじゃないかと日々思います。でも、そんな厳しい世界だからこそ、勝ったときは嬉しいんです。

ほかの投資家の心を読もうとすれば、こちらを惑わそうとする動きにダマされることも少なくなります。株をやっていると、株価が上がる（下がる）材料が何も出ていないのに、急に株価が動くこともあるのです。そんなときには注意が必要です。

売買のなかでは、約定する意思がないのに大量の注文を出すことを**「見せ板」**とい

「見せ板」とは？

売り気配	気配値	買い気配
300	1020	
500	1010	
400	1000	
	990	5000
	980	6000
	970	4500
	960	300

います。本来は禁止されているのですが、実際の取引では、「明らかに見せ板だろう」と思われる注文が結構あります。

ここで「見せ板」について具体的に説明しておきましょう。

上の板を見て、単純に考えると売り手は**「970～990円では売れるけれど、できればそれより高値で売りたい」**と考えます。買い手は、**「990円までは買われてしまう」**と考えます。

その結果、株価は1000円以上の値を指すわけです。

ところが、実はこの970～990円の注文が〝全部ウソ〟の場合があるのです。

自分が買った株の値をつり上げたいばかりに見せかけの注文を出し、約定しそうになったら即座に注文をキャンセルするというやり口です。

そして株価が1000円を上回ったところで売り、儲けるわけです。もちろん、本当に売るつもりだったけれど、結果的に見せ板になってしまうケースもゼロとは言いませんが、意図的に高く売りつけてくる投資家は残念ながらいますし、今後もなくなることはないと考えていいでしょう。

これは、ほかの投資家に誤解を与えることを目的としたかなり〝グレーな行為〟です。悪質な場合には違法な相場操縦として摘発される可能性もあります。

株の世界には、このように「株価を操作してやろう」と考える〝ずる賢い人たち〟が少なからずいるのです。

そして、個人投資家は「見せ板がある」と頭ではわかっていても、大量の買い注文や売り注文が板に表示されてしまうと、経験が少ない人ほど買ったり売ったりしたくなってしまうんです。

見せ板に踊らされてしまう人が多いことが、見せ板がなくならない理由です。

相手の動き方を読む。そして自分の頭で考える。この2つを意識しない限り、株式市場では〝いいカモ〟になってしまいます。

私は注目している銘柄のニュースが出たとき、「このニュースは○円上がる材料だ」などと自分なりに判断します。でも多くの人は、ニュースや板の動きだけを見て判断してしまっています。

「この株は買いだ」という買いのあおりや「この株は売りだ」という売りのあおりをそのまま信じてしまうんですね。

そういう人は黒字や赤字の決算が出たときに、「もともとの予想より良い（悪い）から買いだ」とすぐに判断してしまう人でもあります。

やはり自分の頭で考え、ほかの投資家心理を読むことが、株で勝つためには不可欠なのです。

そして急な下落・上昇にもうろたえず、目の前の相場に集中すること。最初からすべてできる人はいませんが、失敗から学び、成長していこうと思わなければ、負けっぱなしの投資人生を送ることになります。

自分の勘と成功体験に頼らない

売買のタイミングを計るのは、基本的には「経験」と「チャート」です。「二度あることは三度ある」とよくいわれますが、株についても同じことがいえます。「この銘柄がこういう動きをするときはこうなる」というのが、株をやればやるほど身に沁《し》みついてくるのです。

そして、その経験だけに頼らず、しっかりとチャートを見る。さまざまな角度からチャートを見れば、次にどのような行動をとるべきかがわかってきます。

経験とチャートを見て、流れに乗るのが大事です。売りが多い日もあれば、買いが多い日もあります。

自分の頭で「こうしたい」「こうなればいい」ありきで物事を考えてしまったり、「前はこれでうまくいった」と自分の成功体験に安易に乗ってしまったりすると、たいていは失敗します。

そして、何度も言うようですが、天井と底値を狙おうとしないこと。残念ですが、「こうなれば絶対に買い」「こうなれば絶対に売り」だと自信を持って言えるような指標はありません。

そんなものがあるのであれば、もう誰かが見つけているでしょうし、負ける人はいなくなります。それがまだ見つからず、日々誰かが負けているということは、そんな必勝法はないということです。

負けることもありつつ、トータルとして勝ち続けるためには、日々の経験と思考を積み重ねていくしかありません。

経験や思考に加えて重要なのが、これまで触れてきたように「決算」や「ニュース」ですね。「いい決算だろう」と予測されるときには、その前に買っておきますし、ダメだろうと思えば売っておきます。

「配当の権利確定日」を知っておくのも重要です。配当を出している企業は、決算時に配当を受けとる権利が確定するケースが多く、その際、だいたい株価は下落します。

配当を目当てに投資している人が、「配当が支払われる日（権利落ち日）になったら、すぐに株を売ろう」と考えているからです。

この日には、利回り以上に株価が下落することもあります。なので、**権利落ち日前に、「この銘柄だといくらの配当が妥当か」「この銘柄で配当が支払われた後、いくらまで株価が下がるか」を予想しておく必要があります。**これについては、常に考えていますね。

自分のなかで一定のラインを決めておき、それより下がりそうなら配当前であっても売りに出します。目先の利益にばかりとらわれるとかえって損をします。

1つの銘柄に対して、チャートに決算、配当やニュースのチェックと、やるべきことはたくさんあります。なので銘柄を保有すればするだけ、手間はかかります。それでも116ページで紹介したように、私は非常に多くの銘柄を保有しています。「卵は1つのカゴに盛るな」という投資界で有名な金言があるように、やはり投資は分散投資が基本だと思っているからです。投資金額がそこまで多くなかったとしても、ある程度分散させておいたほうがいいでしょう。

株の世界では、先に何が起こるかなんて誰にもわかりません。回転ずしチェーン大手のスシローなんて、高校生が店内で悪ふざけしたことで株価が暴落したわけです。そんな展開を事前に想像できる人はいないでしょう。

とくに投資金額が少ないうちは、１つの銘柄に資金を突っ込んで儲けようと考える人もいますが、それよりは生活するうえでの固定費を節約するなどして、資金をある程度貯めてから分散投資したほうが、結果はついてくると思いますね。

銘柄だけでなく、業界もある程度分散させることが必須です。自分が好きな業界、強い業界を持つことは重要ですが、その業界が地盤沈下してしまったら話になりません。企業のがんばりだけではどうしようもない事態が、時々やってきます。

上がるはず、でも買わない

好材料が出ても、チャートと照らし合わせて「買わない」という選択をすることもあります。１０５ページで、午前8時16分にニデック株の買い注文を出しました。その際、「８０５０円」で、指値で注文しましたが、これがいい例です。

ニデックは、京都に本社を置く電機メーカーです。２０２３年に社名を変えましたが、私にとっては旧社名の「日本電産」のほうがなじみ深い名前です。

この前日、ニデックは第1四半期の決算で、EV（電気自動車）向けのモーターなどの事業が黒字に転換し、売上高・最終利益ともに過去最高を記録したと発表しました。これはもちろん、かなりいい材料です。

同社の永守重信会長は、間違いなくカリスマ経営者です。ただカリスマ経営の企業は、最終的に自分たちが利益を得るような株価操作が上手なので、個人投資家としては注意も必要なんです。

決算発表の翌日、朝起きてすぐに「ニデック過去最高益」との報道を見て、ニデックの銘柄を見にいくことにしました。

まずは決算です。売上高は前年同期比4・8％、営業利益は34・7％、税引前利益が51・0％。売上高がそこまで上がっているわけではありませんが、営業利益と税引前利益はなかなかの上昇率です。

この数字は第1四半期の決算ですから、次に年に換算するため、ここで出た数字を4倍します。第1四半期の売上高が5660億5500万円ですから、それを4倍すると年間売上高は2兆2642億円ほど。通期予想が2兆2000億円ですから、予想と大きくは乖離していないということになります。

ただし、これは前年同期比マイナス1・9％で、1株利益は287円になります。

次に四季報を見て、過去の売上高や1株利益を確認。2023年3月決算で営業利益や税引前利益が落ち込んでいるものの、順調に伸ばしていることがわかります。

投資対象としては悪くないということで、購入を検討するために、今度はチャートを見に行くわけです。

まずローソク足を日足に変え、価格帯別出来高とRSI（相対力指数）、MACD（移動平均収束拡散法）を見ます。

おさらいですが、RSIは買われすぎか、売られすぎかを判断するための指標で、数値は0〜100％で表されます。一般的に70〜80％以上で買われすぎ、20〜30％以下で売られすぎと判断されます。

MACDは、短期の移動平均線と中長期の移動平均線を使用することで、買いと売りを判断する手法です。

前日の終値は7784円。RSIは56％。ここで買えていれば、いい数字とはいえませんが悪くもありませんでした。

ただしＡＤＲ（米国預託証券）を見ると８３００円台まで上がっている。８３００円台だとするとＲＳＩは明らかに高い。直近の買い場は、7月12日のＲＳＩが40％あたりのところでした。

次に一目均衡表と新値３本足で見ます。しかし、ここでも「買い」と判断できる情報は出てきません。

さらに週足でＲＳＩなどを見直します。日足から週足に変えると、チャートの形は少し変わってきますからね。ここで見ても、それなりの高値圏です。

最後に銘柄情報を見ます。ＰＥＲは27倍。前述したように一般的にＰＥＲは15倍くらいが平均的とされていて、それ以上は割高、それ未満は割安だと考えられます。なので、ＰＥＲは高すぎる。一方、配当利回りは0・83％と低い。

ＡＤＲの値段を参考に、おそらく今日中に８３００円くらいまでは上がる可能性が十分にあるだろうと考えました。ただ８３００円は、いまのチャートから見ると「高すぎる」数字です。

そこで前日が7784円で、かつ前日までに出ていた売り注文が朝一番で消化されるはずということを加味し、「8050円まででであれば買うけれども、それ以上なら買わない」と判断しました。決算はいいですし、それ以上に上がる可能性も高いと考えましたが、私の売買基準に外れる投資はしないと決めているのです。

結局買いが相次ぎ、寄り付きは8200円のスタート。そのまま値を落とすことなく、引け時点で8592円の値を付けました。

寄り付きの8200円でも買っておくと儲かったでしょうが、「悔しい」とか「買っておけばよかった」とはまったく思いません。

今回はたまたま上がりましたが、**自分のなかで根拠を持たずに好決算だと思って飛びつくとやられるからです**。

ちなみに案の定、その後1か月もすると株価は7300円台まで下がりました。自分の基準をしっかり持っておくことが、長い商いにつながるのです。

余談ですが、ニデック関連ではこの決算が発表されるわずか1週間ほど前にだいぶ儲けさせてもらいました。というのも、ニデックが工作機械メーカーのＴＡＫＩＳＡＷＡを株式公開買い付けにより買収（ＴＯＢ）すると発表したのです。工作機械事業を新たな成長の柱に据えるニデックが、さらなる成長のためにＴＡＫＩＳＡＷＡの旋盤技術をとり入れようとした形です。

公開買い付け価格は1株当たり2600円。公開買い付けとは、株主に対して買付価格や期間などを公表し、保有している株式を売ってくれるよう勧誘する仕組みです。つまり、「1株2600円」での買い取りが確約されているということです。

ＴＯＢが発表される前、同社の株価は1400円ほどでした。しかしこの発表を受けて株価は2500円ほどまで上昇しました。

私は1200円ほどで買った同社の株を、実に4万9000株保有していました。（2600円−1200円）×4万9000株と計算すると、そのまま持っているだけで6860万円の儲けになります。

これは嬉しい誤算ではありましたが、そもそもＴＡＫＩＳＡＷＡの実力を高く評価していたからこそ、これだけの株を保有していたのです。「株価が安い」だけを理由に株を選んでしまうと、このような幸運にもなかなか巡り合えないでしょう。

有名投資家の発言の裏には何かある

投資家の間では、よく「損切り」が重要だといわれますが、私の場合、損切りはあまり考えていません。

もちろん、「明日は今日より下がるはずだ」と明確にわかっていれば売ります。けれど、**「いくら下がったら損切りする」といったルールは設けていないのです。同じように、「いくら上がったら売る」というのも決めていません。**

3割上がってもまだ上がると思ったら持っていますし、3円上がっただけでも売りにいくこともあります。

基本的に「将来に期待できる」と思った銘柄の株を買っているので、保有し続けることが多いんです。そんなふうに含み損を抱えた銘柄も保有しているため、評価損益としてもマイナス2億円以上あります。

1つの銘柄を数万株持っているケースもあるので、含み損が数千万円に上る銘柄も複数あるんです。

ただ損切りをしないでいられるのは、含み損を踏まえても投資に振り向けられる資産が十分にあるからです。もし余裕資金があまりないのに、損切りができないため投資機会を逸しているというなら、それはもったいないといわざるを得ないでしょう。

また、あまりに年間で利益を上げすぎると、翌年の税金がすごく高くなってしまいます。そこで、「今年は利益が出たな」と思ったら損出しして、税金を安くするために活用している面もあります。

このように損切り1つとっても、その人の置かれた状況や投資スタイルによってやり方が違います。

同じように、世間では「重要だ」といわれていることについて、疑問を持つことも重要ですよ。繰り返しますが、ほかの人と同じことをしていたって勝てません。

日本人投資家は、ウォーレン・バフェットが大好きですよね。あの人のすごさは認めます。バフェットが投資の神様なら、私なんて蟻《あり》か水蚤《みじんこ》のようなものです。

1965年にバフェットが投資会社（当時は紡績業）バークシャー・ハサウェイの経営権を握ってから50年で、同社の株価はなんと2万倍の上昇を見せています。

運用成績は21%のリターンを50年間続けていることになります。

2023年の日経平均の上昇にも、バフェットがひと役買っています。2023年の日経平均株価は3万3000円台に乗り、1990年以来33年ぶりの水準を回復しました。

日経新聞は毎年、正月に主要経営者20人による日経平均の年間予想を掲載していますが、そのレンジは2万2000円から3万3000円の間でした。

しかし、株価は全経営者の予想を上回りました。それには、バフェットが日本株への追加投資の意思を表明したことで、海外投資家の日本株買いが本格化したことが要因として挙げられます。

バフェットは以前から保有していた三菱商事や三井物産といった5大商社の株を新たに購入したことを明らかにして、「最大9・9%まで増やす可能性がある」と述べました。

これを受けて商社株の株価は上昇。追随して、そのほかの大型株の株価も上がりました。

私がほったらかしにしている大型株メインの口座は、2023年7月時点で年初来150%ほどの成績を残しています。

でも私は、バフェットの言うことは、そのまま鵜呑《うの》みにしていません。それはなぜか？　彼がファンドを経営しているからです。彼がなぜ銘柄について語るのか。それはつまるところ、「自分の利益になるから」に尽きます。

自分が発言したことで株価が上がる。株価が上がったところで売れば、当然利益が得られるわけです。それがバフェットの狙いですよ。

別にこれはバフェットに限った話ではありません。ファンドならみんなやっていることです。ソフトバンクの孫正義さんも、旧村上ファンドの村上世彰さんもそう。現に8月には、バークシャー・ハサウェイが1兆1000億円もの売り越しを行ったことが決算から明らかになりました。具体的な銘柄はわかっていません。

みんな、「いかに安く買って高く売るか」を考えています。なので、日本人はバフェットの言うことをありがたがって聞いていますが、「その裏に何かあるのか」を考えるべきですね。

ナンピンは怖くない

投資をしていると、自分が買った株が値下がりすることは日常茶飯事です。保有株の株価が下がったときに、株をさらに買い増すことを、**「ナンピン」**といいます。「下手なナンピン素《す》寒貧《かんぴん》」という格言があるほど、投資家の間では危険な行為といわれていますが、**私自身は積極的にナンピン買いをしています。**

ただし、「株価が下がったところでナンピン買いして、もとの値に上がるのを待つ」と考えているわけではありません。たとえばＩＰＯ（新規株式公開＝未上場会社上場）して間もない銘柄を投資対象にする「ＩＰＯセカンダリー投資」で買ったＲｉｄｇｅ－ｉは、上場初日に４５００円でつかんでしまいましたが、２０２３年8月時点で約２０００円まで下落しています。

そこで、安値のなかでも「これは安い」と思ったところで買い、少し反発したところで売るといった取引を繰り返しているわけです。

たとえば、４５００円の株を１０００株購入し、２５００円まで下がったとします。それだけで実に２００万円のマイナスです。株価がもとに戻るのを待っていても、いつになるかわかりませんし、そもそも戻らないかもしれません。

ただ、たとえば２０００円で５０００株買い、２１００円で売った場合、50万円のプラスです。それを20回繰り返せば１０００万円の利益になります。私は一日に20回程度は約定しますから、「20回」という回数が多いわけではありません。

高値でつかんで、そのままつかみっぱなしだと、膨大な含み損を抱えたままですが、ナンピン買いをすることでちょっとでも含み損を減らすことができます。

もちろんその際、「負けをとり戻したい」という気持ちだけが膨らんで、冷静にならずに取引した場合には、損失を広げるだけの結果に終わってしまうこともあります。

まずは、いったん冷静になること。それからチャートを見て、根拠を得て買うことが重要です。大きく下落したからといって、「ここが底だ。あとは上がるだけだ」と何の根拠もなくお金をつっこむのは危険です。

冷静になれない人は、ナンピン買いはするべきではないでしょう。

「下がったときに、もとに戻るまで待つ」という手法は、かなり運に頼ったやり方だと思います。運に頼ったやり方といえば、「テンバガー（10倍株）を目指す」というのもそうですね。

投資家のなかには小型株でテンバガーを達成することを目指している投資家もいますが、私はそんなところは目指していません。

株価が2倍、3倍になってほしいとすら思っていません。なぜなら、それは自分の腕とは関係ない要素が大きいからです。私は自分の腕で勝負しているからこそ、ここまで金融資産を積み上げてこれたのです。

シゲルさんが大切にする相場の格言⑥

「半値八掛け二割引」

——「高値の3分の1程度まで下落するかも」という覚悟を持て

下落局面で底の水準を判断する目安とされる格言です。たとえば1万円の値がついた株であれば、1万円 × 半値（0.5）× 八掛け（0.8）× 二割引（0.8）＝ 3200円までは下落してもまったくおかしくないということ。株の世界に入るなら、甘い理想を描くだけでなく、それくらい下落してしまうかもしれないという現実を受け止め、覚悟を持つことが必要なのです。

機関投資家との戦いは負けない

中小型株には機関投資家があまり入ってこないとはいえ、まったくないわけではありません。

自分の保有銘柄に機関投資家がどれくらい入っているかを確認したいときには、四季報や有価証券報告書、大量保有報告書で調べることができます。

Ｐａｒｔ３でも述べたように、ファンドの人間に経験や技術では負ける気はしません。

私の保有銘柄は中小型株が多いので、**板を見て出来高がいつもより不自然に活発になると、「これは機関投資家が入ってきたな」とすぐにわかります。そんなときは「よーし、負けへんぞ！」と気合いが入りますね。**

なので、機関投資家の戦略を知り、個人投資家の強みを生かしていくことは重要です。そこで、機関投資家の特徴について考えてみたいと思います。

機関投資家の特徴

①すぐに結果を出す必要がある

機関投資家は、運用レポートを短期的に発行しています。四半期ごとというのが一般的でしょうか。あなたが顧客だとして、たとえば1年ずっと成績が下がり続けるファンドにお金を預けたいと思うでしょうか。思わないですよね。ファンドの数はたくさんありますから、成果を挙げられなければ、利益に敏感な顧客にすぐに預け替えされてしまうかもしれません。そのため、機関投資家は短期的に利益を出すことが強く求められています。

結果として「いまはマイナスだけど、あと数年持っていれば株価が上がるはず」といった運用はできないのが実情です。

②内部でルールを決めている

顧客の大事な資産を預かる以上、運用戦略を細かく決める必要があります。「何でもあり」のファンドに顧客も資産を預けたくありませんからね。そのため、たとえ成長が見込める銘柄であっても、その戦略に外れた銘柄には投資できないわけです。多くの場合、時価総額が小さすぎる銘柄やリスクが高い銘柄は選定できないことになっています。

③小型株の回転売買はしない

機関投資家は、基本的には大型株に投資します。流動性の小さな小型株を回転売買することは、さほど多くありません。多額の資金を投入しているため、一気に注文してもとおりません。かといって少しずつ買おうとしても、自身の大きな売買額によって株価が動いてしまいます。つまり、短期売買をするうまみが少ないのです。

④本当のことは公開しない

ウォーレン・バフェットもそうですが、証券会社がなぜ推奨銘柄などを話すのか。それは「その銘柄を買ってほしいから」以外に理由はありません。では、なぜその銘柄を買ってほしいのか。理由は簡単ですよね。自分たちの利益につながるからです。

証券会社や保険会社が、自分の手の内をすべて公開していると思ったら大間違いですよ。基本的に彼らは自分の利益になることしかしないはずです。

私のところにも、「藤本さん、この株買いませんか」と連絡が来ることがありますが、そういう株はだいたいダメです。本当に利益が出る株なら黙って自分が買って持って儲ければいいわけですから、勧めてくるという時点で私は疑ってかかりますね。

個人投資家だからこそ機関投資家に勝てるワケ

個人投資家には、機関投資家にはない強みがあります。「個人投資家が機関投資家に勝てるはずがない」と言う人もいますが、現に私が勝っているわけですから、銘柄と売買タイミングさえ選べば負けません。

個人投資家の強みを具体的に述べてみましょう。

個人投資家の強み

①休める

「休むも相場」という言葉があるように、個人投資家はめぼしい銘柄がなければ取引をしなくたっていいわけです。「どうにも雲行きが怪しそうだ」と思ったら、ひとまずいま持っている株を売って様子を見るという選択肢がとれます。

ところが、顧客の資金を運用している機関投資家では、一気に売り注文を出すわけにはいきません。苦しい状況下でも、「休む」という選択肢をなかなかとれないのです。

②小回りが利く

機関投資家は動かす金額が大きい分、そう簡単に中小型株を売買できません。たとえば「10億円分株を買おう」と思っても、そんな大きい注文を出せば、それだけで株価はストップ高の買い気配となり、約定しないケースもあります。

そのため、日を分けてゆっくり買い進めることになります。個人投資家であればそこまでの資金はありませんから、買いたい株を買いたいときに買い、売りたいときに売ることができます。

③自由がある

組織の運用戦略に沿って銘柄を選択しなければならない機関投資家と違い、個人投資家であれば何を買うのも個人の自由です。多少素行に問題のある企業であっても、リスクが高そうな企業であっても、自分が「ほしい！」と思えば自由に買えるわけです。もちろん個人的には、「増収・増益・増配」の企業がいいと思いますけどね。

私は、個人投資家にとって、これほどいい時代はないと思っています。ネットでほしい株がすぐに買えるし、手数料も安い。チャートも決算も、ネットですぐに調べられる。

結局、機関投資家に勝てない人は、勝てない理由を挙げてその理由に満足しているにすぎません。

40		
30	1000	
	990	10
	980	20

「仕手株」にはご注意を

先ほど２０３ページで、見せ板について説明しました。それ以外にも、個人投資家が気をつけなくてはいけない株の動きがいくつかあります。

実は、中小型株こそ陥りやすい罠もあるのです。それが**「仕手株」**です。仕手株とは、**「仕手筋」**と呼ばれる投資家や投資家グループにより、株価が意図的に操作されている銘柄を指します。まずは、仕手株の基本的なやり口を押さえておきましょう。

ステップ① 玉《ぎょく》集め

仕手筋が特定の銘柄を買い集めます。急激に買い集めるとほかの投資家に気付かれるため、ゆっくりと買い集めるケースが多くみられます。

ステップ② 玉《ぎょく》転がし

特定の銘柄の多くの株式を買い集めたところで、今度は一気に大量の買い注文をします。ここでは玉集めと異なり、ほかの投資家に気付いてもらう必要があります。一気に大量の買い注文が入ることで、ほかの投資家も追随して多くの買いが入ることを狙うのです。

ステップ③ ふるい落とし

株価が上がったところで、保有している大量の株を一気に売ります。もともと出来高が少ない株が、一気に売られると株価は急落します。なので、高値で株を購入した投資家は、含み損を抱えることになるのです。

仕手株は**「相場操縦行為」**とみなされた場合、犯罪となります。過去には有名な相場師が逮捕された事件もあるのです。

1980年代のことですが、仕手筋集団の「誠備グループ」を率いて「兜町《かぶとちょう》の風雲児」とも呼ばれた加藤暠《あきら》という相場師がいました。いまの若い人は彼の名前を知らない人が多いでしょうね。

彼が手がけた仕手戦といえば、「宮地鉄工所」の一件です。1980年8月、それまで200円台だった宮地鉄工所の株価が急激に上昇し、2950円の高値を付けましたが、そのとき発行済み株式全体の70％まで、加藤氏らのグループによって買い占められました。

彼は1981年、所得税法違反で逮捕されましたが、保釈後にはまた株式市場に復帰。2015年に新日本理化の株価を不正につり上げたとして、金融商品取引法違反の疑いで再逮捕されました。

このように逮捕されるケースはごく稀ですが、「おそらくこれは仕手株だろう」というケースはよくあるんです。

仕手株には、特徴があります。それは「株価が安い」「出来高が少ない」「発行済み株式数が少ない」ことです。要するに、小型株の特徴ですよね。

普段から活発に取引されていたり、すでに高く評価されていたりすれば、価格を操作しようと思っても難しいですから、あえて地味な株を選ぶのです。

私のように長年株をしている人間であれば、「これは仕手株だ」と気付けるはず。なんの材料もないのに、株価が上昇していくわけですからね。

でも、株を始めたばかりの初心者は、株が値上がりしていくのを見て、「自分だけがいい株を見つけた！」とつい買ってしまうわけです。

仕手株になった銘柄は、とにかく値動きが激しいですから、簡単に儲けられそうな気がしてしまうんですね。でも、上がる理由もないのに急激に上がっていく株は注意が必要なのです。

ここまで露骨ではなくても、とくに日々の出来高が少ない小型株の場合、「自分で株をたくさん買えば、株価が上昇するはず。そこで売れば儲かる」と考える投資家はどうしても出てきます。

その投資家が買い集めることで、ほかの投資家からは「値動きが激しく出来高が増加している銘柄だ」と認知されることになります。そして、ほかの投資家が購入したところで、目論見どおり買い付けた株を売却するという流れは珍しくありません。

値段が安い株には、安いなりの理由があります。「自分だけが知っている割安銘柄」なんてこの世に存在しません。仕手株を避けるには、やはりある程度人気があり、出来高もある株を売買することが重要でしょう。

ＩＰＯセカンダリー投資にも注目

私はＩＰＯ株も購入しています。

新規公開される株式は、上場前に「公募価格」で売りに出され、上場後に「初値」が付きます。家でもなんでもそうですが、日本人は新しいものが好きなので、初値が公募価格よりも高いケースは多いんです。

ただＩＰＯ株自体は抽選で割り当てられますから、基本的には「当たらないもの」だと思っています。しかも、ＩＰＯ時点で買える株数には限度があります。だいたいは最低単元の「１００株」程度なので、買えたところで儲けは知れています。

そこで私が実践しているのが、上場直後の銘柄の株を購入する**「ＩＰＯセカンダリー投資」**です。抽選で決まるＩＰＯと違い、ＩＰＯセカンダリー投資であれば、すでに上場しているわけですから、誰しも同じだけのチャンスがあります。

しかも、値動きが激しい傾向があり、短い期間で株価がめまぐるしく上下することもあります。まさにデイトレーダーとしての腕の見せどころというわけです。

ＩＰＯセカンダリー投資は、まだ安定していない小型株が多いですから、ハイリスク・ハイリターンといえるでしょう。

２０２３年度でいえば、６月13日に上場したＡＩソリューションを開発するＡＢＥＪＡは公募価格が１５５０円でしたが、初値は実に４９８０円でした。その後、６月22日には１万３００円まで上昇したのです。

それからどんどん下がってきていますが、もし初値で買って最高値で売れたとして、１５０万円ちょっと出して１０００株も買っていれば、５３２万円の利益を得られたことになります。

ただし、同じＡＩ関連でも、先ほども触れた４月26日上場のＲ：ｉｄｇｅ－ｉは初値４４４５円で、その日に４６２０円まで上がったものの、それ以降ズルズルと下がり続け、２０２３年10月６日時点で半値以下１８１２円まで下げています。

正直、パッと会社の情報を見ただけで、ＡＢＥＪＡとＲ：ｉｄｇｅ－ｉの株価変動に、ここまでの差がつくと予想することは難しいでしょう。

実をいうと、私はＩＰＯセカンダリーでの勝率は、そこまで高くありません。

その銘柄の動き方がまだわかっていないわけですし、チャートの動きも不規則になりがちですから、「この流れだとこうなるな」というのが身体に沁みついている銘柄と比べて勝率は下がりがちなのです。

実際、Ｒｉｄｇｅ－ｉは初値付近の４５００円で1万株つかんでしまい、10月６日時点で１８１２円程度まで下げているわけですから、大きく含み損を抱えています。

事前の予想で「初値予想５０００円」などと喧伝《けんでん》されていたので買ったのですが、やはり予想は予想、そのとおりになるわけではないのです。

といっても、下がっているときは下がっているときで、また別の買い注文を出します。損失を出したら、その銘柄から遠のく投資家もいますが、私の場合「同じ銘柄でちょっとでもとり返してやるぞ」という思いが強くなるので、銘柄にもよりますが取引回数が増える傾向にあります。

先ほど、「ＩＰＯセカンダリー投資はハイリスク・ハイリターン」といいましたが、ここでも私は自分流を貫いています。「IPOセカンダリー投資だから大きく儲けよう」とは思っていないのです。

なので、通常の取引と同じく、チャートを見ながら細かく売買しています。大きな欲をかいたらケガをしますからね。IPOセカンダリー投資といっても、基本的には自分が理解できるビジネスモデルで、将来に期待できる株を買います。

そのため買うのは、IPO銘柄でも10社に1社あるかないかくらいですね。

とくに期待できるのは、上場初日に注文が相次ぎ、初値が付かなかったときです。上場初日に初値が形成されないと、その翌日にもストップ高で初値が付かないといった事態を避けるため、買い付け代金をその日に徴収する**「買付代金即日徴収規制」**の措置がとられます。

これはその名のとおり、注文当日に現金が徴収される制度です。通常、株取引では約定日から起算して3営業日目に決済されます。そのため、通常であればまだ受け渡しされていない資金であっても、約定さえしていれば、その資金を買い付けに充てることができますが、買付代金即日徴収規制が実施されると、すでに受け渡しが終わっている資金が必要になります。

また、この規制が解除されるまで、返済期限や品貸し料が決められている**「制度信用取引」**での注文ができません。要するに信用取引では買えず、「いま持っている現金で買え」というわけです。

純粋なキャッシュ勝負となり、普段、信用取引をしている投資家は思うように買えません。だからこそ、この規制が解除されると、信用買いが増えるため、株価が上がりやすいんです。


IPOセカンダリー投資をする場合には**「ロックアップ」（一定期間の売却禁止）**にも注意する必要があります。

ロックアップとは、公開後の一定期間（たとえば180日間など）、創業者や大株主であるベンチャーキャピタルが持ち株を売却しないように制限する制度のことです。

公開直後に大株主によって大量の株が売却されると株価が下落してしまうため、それを防ぐための措置ですね。

ロックアップの措置がとられているかどうかは、新規上場申請の際に提出する有価証券届出書で明らかにされています。期間としては「半年」や「1年」などが多いですが、とくにベンチャーキャピタルなどが大株主の場合、ロックアップ解除後に利確するケースも多くみられます。

大株主がそれなりの株を売るわけですから、株価は下がりやすくなります。

基本的に、私は証券会社やベンチャーキャピタルといった大株主を信用していません。彼らは株価が高いときに、あの手この手で株を売ろうとしてきます。ロックアップの解除は期間のほかに、「株価が公募価格の1・5倍に上昇したとき」「主幹事証券会社の同意を得たとき」など、さまざまな条件があります。

そのためIPOに手を出すときは、ロックアップがどのような条件で設定されているかを知ることが非常に重要です。

IPOが増えると、経済が活気付くのでいいことです。個人投資家としても、チャンスが増えますからね。ただし、投資家の観点としては、上場企業が増えれば増えるほどいいとはいえません。

IPO銘柄が増えれば、資金が分散されてしまいます。そうなると、結局値が動かないこともあります。その企業単体の成長性はもちろんですが、その企業がいつ上場するのかといったタイミングやほかのＩＰＯの状況はどうかといったところまで考えなくてはいけません。

損をしてもクヨクヨしない

よく私が聞かれることの1つに、「負けたときは、どうやって立ち直ってきたんですか？」というのがあります。たしかに私は、「ブラックマンデー」「バブル崩壊」「リーマンショック」を経験し、その都度大きく資産を減らしてきました。

バブル崩壊のときは資産が10億円から2億円になりましたから、さすがに少し株から距離を置きました。

ただ、そこまで大きく落ち込んだわけではないんです。だって、落ち込んでいても仕方ないですから。ひょっとしたら、最初のころは落ち込んでいたのかもしれませんが、それももう忘れました。

何回も経験していれば、大きな損失もだんだん慣れていきます。

いまだに、負けることも珍しくありません。保有銘柄の上場廃止だって、何度も経験してきました。

直近の例でいうと、日医工ですね。日医工はジェネリック医薬品メーカーの最大手として、非常に強い期待を持っていました。しかし、2020年、製品の自主回収が相次ぎ、富山県が業務停止命令を出したことをきっかけに、急激に経営が悪化。2022年に事業再生手続きに入りました。

株価は、2015年には4265円を付けましたが、右肩下がりに下落していきました。それでもジェネリック医薬品の強みがあることから、私は同社の今後に期待して日医工株を120円台で取得。ところが2023年に入り、**「スクイーズアウト」（強制買い取り）**が行われてしまいました。

スクイーズアウトとは、ある株主を大株主とするために、私のような個人投資家に金銭を交付して締め出す行為を指します。

最終的に支払われたのは1株当たり36円。数万株持っていましたから、大損です。

株式市場で生き残るには、「なぜ勝てたのか」「なぜ負けたのか」を考えることは欠

かせません。そのために、ノートにも逐一記録するわけです。

しかし、バブル崩壊にしろ、リーマンショックにしろ、事前に気付くのはやっぱり難しかったですよ。

そんななかでクヨクヨしていても、ただ投資機会を失うだけです。クヨクヨしたって、何もいいことはありません。そういう人は自分の頭で考えていないから、投資で失ったものに固執してしまうんだと思います。

「あのとき買っていれば」「あのとき売っていれば」——投資の世界はそんなことの繰り返しです。負けたときこそ、自分で自分を奮い立たせないといけません。それが筋だと思いますね。

日本株はもっと成長できる

私は2022年の時点で、「2023年には日経平均は3万円台を突破するだろう」と確信していました。3月にも突破するのではと思っていましたが、少し遅れましたね。70年近くも株をやっていれば、経済の動きはなんとなく読めます。

少なくともしばらくは、この勢いは続くだろうと思います。かつてのバブル期は資金が余っていたので、どの株も企業の実力以上に買われました。振り返ってみれば、異常な状態だったと思います。

ただ、2023年時点でいまの日本株は買われすぎだとは思いません。企業の実力に見合った買いが入っているだけですよ。それに、日経平均が30年ぶりの水準になったといっても、ようやくもとに戻っただけです。

ほかの国を見てごらんなさい。もっと成長しています。日本、そして日本人は、もっとがんばらないとダメだと思いますね。そのポテンシャルはあるはずです。

まぁ、2023年に上がった株は、ほとんどは外国人が好みそうな大型銘柄なので、グロース株ではあまり恩恵を受けていないんですけどね。

そもそも「日経平均株価」とは、Part2で紹介したとおり、プライム市場の有力な225銘柄しか入っていないわけですから、日本企業全体の実態を表しているとはとてもいえません。

私は毎日、自分の資産額をダウ平均株価で割って、自分のパフォーマンスを計算し

ています。調子のいいときは60台後半の数字を出していましたが、いまは40台後半から50台前半の数字。つまり、ダウに対するパフォーマンスとしては落ちています。もっとがんばらなければいけないと奮起しています。

さて話を戻して、古くから日本経済を見続けてきた個人投資家としては、日本株はまだまだ成長する余地があると思っています。政府はいま、個人資産をどうにか投資に振り向けさせようとしています。

２０００年からの20年で、米国の個人の金融資産の総計は3倍に伸びましたが、日本は１・４倍にとどまります。

この差が生まれた一因が、資産運用にあるとされています。米国では半数以上が株や債券を購入しているのに対し、日本では15％弱程度にすぎません。日本で半数以上を占めるのは預貯金ですが、米国において預貯金で運用している割合は1割超に留まります。

日本では預金の利息がゼロに近いですから、このような状況で資産が増えるわけがありません。だから政府は、１８００兆円にものぼる金融資産をどうにか動かしたいと必死なんですね。

2023年に起こった外国人投資家の円買い、東証のPBR1倍割れの是正、2024年から始まる新NISA（少額投資非課税制度）は間違いなくいい材料でしょう。

2023年の日経平均株価の上昇は、外国人投資家の円買いが大きな役割を果たしましたが、その傾向はまだしばらく続くと私は見ています。

続いて、PBR1倍割れの是正。PBRは「株価が1株当たりの純資産の何倍か」を示す指標ですが、上場企業のなかにもPBR1倍以下の企業がゴロゴロしています。PBRが低いということは、企業の収益率が投資家の期待する水準に達していないことを示します。

そこで東証はPBR1倍を継続的に割り込んでいる企業に是正を求めて改革案を示し、同年3月にはプライム市場・スタンダード市場に上場する全銘柄、約3300社に改善を要請しました。

PBRを向上させる施策として自社株買いや増配を行ったり、事業そのものを見直したりすることで、企業の収益率が向上することが期待できます。

新NISAの登場も、資金が投資に回るという観点で歓迎します。これまでのNISAでは通常の投資では600万円まで、つみたて投資では800万円までの枠が与えられ、どちらか一方のみが利用できるとされていました。

新NISAでは、「成長投資枠」で1200万円まで、「つみたて投資枠」で計1800万円まで、また併用して1800万円まで利用できることになりました。

普通の投資であれば、投資で得た収益に20・315%の税金が課されます。ところがNISAであれば、その税金が非課税になるわけですから、メリットは大きいです。そのメリットに引かれて、たくさんの人が株式市場にお金を投じることで、市場がより活発化していくはずです。

個別銘柄でなく投資信託を買うのであっても、市場にお金が流入することには変わりありません。投資信託からでも始めることで投資に興味を持ち、日本株を買うようになる個人投資家も増えると思います。

市場に出回るお金が増えるということは、取引が活発になり、投資で儲けられるチャンスも増えるということ。株を始めるタイミングとしてはいいと思います。

もちろん、どのような好材料があったとしても、楽観視してはいけません。経済の動向を常に警戒することは投資家にとって不可欠な条件です。警戒するなかで株価が上がっていくことが理想ですね。

2023年10月7日時点で為替レートは1ドル149円台をウロウロしていますが、中期的には122円程度、長期的には112円程度まで円高の方向に振れると私は見ています。

「デイトレード」なので1回の取引では相場の影響を受けづらいといっても、やはり大きく経済の動向を捉えることは必要ですよ。

どれだけ株の勉強をしようが、すべてを見通せるわけではありません。そんなことができるのは、神様だけです。ですから、ある程度のストーリーは頭のなかで考えていたとしても、日々変わる状況に対応していかなければなりません。

私がここで「こうなるはず」と予想したとしても、私が知らない情報なんていくらでもありますし、これから突如、災害や戦争が起これば、前提が変わるわけですから、考え方も変わります。

誰かがその場で言ったことを鵜呑《うの》みにするのではなく、自分の頭で考えることの重要性を、この本を通してお伝えしているつもりです。たとえ証券アナリストが言っていることであっても、その言葉を頭から信じてしまうような人は投資向きではありませんよ。

常に「これは本当かな？」と疑える人が資産を伸ばしていくんです。

シゲルさんが大切にする相場の格言⑦

「人の行く裏に道あり、花の山」

——苦しくても人の逆を行け

儲けるためには、普通の人とは逆の行動をとらなくてはいけないという格言です。大勢の人が「いい」と言ったから買う、「悪い」と言ったから売るといった投資を繰り返していても、損をするだけです。人より儲けるには、「いまみんなはどう考えているのか。そこで自分はどうすべきか」を考えることが大事ですよ。

コラム④

多くの投資家は退場していく

いま私は、ほかの投資家仲間と会うことはほとんどありませんが、かつては証券会社などで投資家仲間と顔を合わせることもしばしばありました。

しかし、その顔触れは、結構な頻度で変わっていくものでした。「そういえばあの人、最近、見なくなったな」と思うことは、決して珍しくなかったのです。

2022年に金融庁が発表した報告書によると、投資信託などを購入した顧客のうち、2020年3月時点の損益がプラスになっている人は30%程度なのだそうです。ということは、70%程度の人が、損益がマイナスの状態だということですね。

一方、デイトレーダーとして生き残る割合は、「10%程度」だといわれます。

これだけ見ると、夢のない数字ですよね。

私に言わせれば、株は楽しい。それは間違いありません。でも決して、ラクなものではありません。私は68年間株式投資をして、毎日記録をつけ、反省しているわけですが、それでも読み間違えます。トータルとして勝っているだけで、思ったとおりにいかないなんてことはザラです。

このことに関連する「ラルフ・ビンスの実験」というものがあります。プログラマーのラルフ・ビンスは、博士号を持つ40人にゲームをしてもらいました。そのゲームのルールは次のとおりです。

①抽選箱のなかに当たりが6本、ハズレが4本入っている
②当たりが出れば賭け金は2倍、ハズレが出たら賭け金は没収
③元手1000ドルで、1回に賭ける金額は自由
④ゲームを100回繰り返す

6本当たりが入っているわけですから、プレイヤー側に有利な賭けといえます。毎回100ドルかけたとすると、勝ち60回でプラス6000ドル、負け4000ドルとなり、理論上は手持ち資産が3000ドルになるはずです。

結果、どうなったと思いますか？　**40人の参加者のうち、資産を増やしたのは2人しかいませんでした。**博士号を持っている「賢い」人間でも、95％は負けてしまったわけです。

負けた95%は、「負けたあとに賭け金を増やし、勝ったあとには減らす」という賭け方をしていました。人間は負けが続くと、「次は勝てるはずだ」と思い、勝ちが続くと「次は負ける確率が高い」と考えてしまうんですね。

負けが続いたら、なんとかとり返そうとつい思ってしまいます。

でも本来、1回1回の勝負は独立したもの。分けて考えなければいけないのに、切り替えができていない。そういう人が負けるのは必然ですが、そういう人が大半なのでしょう。

人間は弱いんですよ。それを覆すのには、よほどの鍛錬が必要です。

厳しいことを言ってしまいましたが、事実を直視せずに利益を得ることはできません。覚悟を持って株の世界に入ってきて、勉強を怠らない人であれば、「絶対」とは言えませんが勝てる確率はグンと高くなります。

たとえば、あなたが仕事で評価されて出世したとして、「運が良かったね」と言われたら、どう思うでしょうか。決して、いい気はしないはずです。

運の要素がゼロではないにしても、「自分はそれだけ努力したんだ」と思うんじゃないでしょうか。よく株で儲けた人を「運が良かった」、負けた人を「運が悪かった」と言いますが、運なんかじゃありませんよ。

運よりも勉強がものをいう世界です。

Part 5

デイトレードは究極の〝脳トレ〟

株で勝つための「心・技・体」

本書の最後は、投資に対する心構えや、私の生活についてお話ししましょう。

私は、株は「心・技・体」が求められるものだと思っています。

「心」は株価の値動きに一喜一憂することなく、その場で最適な行動をとることができる冷静な心。「技」は「ここだ」というときに売買する技術。「体」は健康な身体と資金面での体力の2つの意味を持ちます。

どの要素が欠けても、満足のいく結果は出ないでしょう。

心や技については、経験を重ねるしかありません。私より頭のいい人はたくさんいるかもしれませんが、私より経験がある人はまずいません。株に対する心の在り方も、ちょっと自信があります。

私は自他ともに認めるくらいの毒舌家ではありますが、思いどおりにいかないからといって、ペースを崩すことはありません。「絶対に勝てる」「絶対にこうなる」という思い込みは危険です。いついかなるときも〝油断しない姿勢〟が必要です。

株を始めたいと思うなら、最初は自分の好きな株を買うのでも、誰かの真似をしてみるのでもいいでしょう。どんなに頭のいい人でも、考えるのとやるのとでは、ぜんぜん違います。

自分のお金を使わないと、本気になるわけがありませんよ。

体力は、なるべく衰えないように、自分で気をつけるしかありません。たしかに年齢を重ねるにつれ、できなくなることも増えます。それは仕方のないことです。

病気も増えます。私自身、大きなところでいうと、2016年には脳梗塞《のうこうそく》を発症しました。麻雀をして外から帰ってきて、寝て起きたら病院にいました。女房が、大きないびきをかいて寝ていた私を見て、「これはおかしい」と思い、即座に救急車を呼んでくれたんです。

女房の判断のおかげで、一命をとり留めることができました。脳梗塞が起こると、筋肉が緩んでしまうので舌根《ぜっこん》が沈み、大きないびきをかくことが多いそうです。病院に入院する羽目になりました。

退院してひと安心、と思ったら、翌年には心筋梗塞に見舞われました。血流を守るために、いまも心臓の冠動脈に3㎝ほどのステント（狭くなった血管を内側から広げるための網目状の筒）が入っています。しかし、これだけの病気を繰り返しても、脳の機能に問題がなかったのは、本当によかったと思います。

頭が回らない、手が動かないといった事態になれば、株取引ができませんからね。目もだんだん見えなくなってきたのには、悩まされました。チャートも新聞も四季報も、私にとっては文字が小さい。ルーペを片手に売買する時間が増えました。けれど、2022年、思い切って白内障の手術を行ったところ、すごくよく見えるようになったんです。私は「日帰り手術がいい」と言ったのに「まぁまぁ、一日ゆっくりしていってください」と宿泊になったのですが、本当に受けてよかった手術です。その後は、ルーペを使わなくても売買できるようになりました。

血圧は高いですよ。最高が240mmHg、最低が120mmHgを記録することもあります。

最高血圧が140mmHg以上であれば「高血圧」と分類されますから、高血圧もいいところですよね。自戒の念を込めて、その数値が記録された用紙を机にはっていますが、血圧のためにやっていることといえば、それだけです。

とくに食事に気をつけたり、降圧剤を飲んだりしているわけではありません。そもそも、年をとって血圧が上がるのは自然なこと。無理に降圧剤で血圧を下げようとすると、頭もボーッとして、判断力が求められるデイトレードには向かないように思うんです。

まぁ、こんなことを女房に言っても、「何を言っても聞きやしない」と苦い顔をされるんですがね（笑）。

そもそも平日はデイトレードで忙しいので、病院に行く時間がもったいないと思っています。たまに病院に行って、高齢者がじっと自分の順番を待っているのを見ると、正直なところ「もっと別のことに時間を使えばいいのに」と思います。

薬を飲んで健康のために生きる生活より、何か1つでも打ち込めるものを見つけて、その打ち込めるものを追求するために時間を使ったほうが、「最後まで自分の人生を全《まっと》うできた」と言えるのではないでしょうか。私は心底、そう思うんです。

年をとっても判断力は衰えない

年齢を重ねるにつれ、記憶力は低下してきたと感じています。デイトレードをしていても、「いくらの指値で注文するつもりだったか」「取引したい銘柄のコード番号」といったことはすぐに忘れてしまい、もう1回確認する羽目になりがちです。

記憶力が昔のままであれば、一日のうちあと数回は取引回数が増えているでしょう。**でも、記憶力が衰えるのも、年をとっているんだから仕方ないことですよね。それを補うためにノートもしっかりつけているわけです。**

ノートを書いて1つひとつの取引を反省するということは、身体に覚えさせることになりますからね。「記憶力が衰えた」と落ち込むことで何かが変わるならば、いくらでも落ち込めばいいのですが、そうでないのであれば、自分ができることでカバーしていくしかありません。

ただし、年をとったからといって、判断力が衰えているとは思いません。もし衰えているのであれば、瞬時の判断が求められるデイトレードで勝ち続けることはできないでしょう。「能力が衰えてきた」と思う高齢者の多くは、普段頭を使っていないからではないかと思います。

そりゃあ60歳とか65歳までバリバリ仕事をしていた人が、定年になったとたんに頭を使わなくなれば、一気に衰えが来るのは当たり前です。

若ければ、一度頭を使わなくなっても、また再びエンジンをかければ勘をとり戻すことができても、年をとれば同じようにすぐに頭が活性化することはないでしょう。

だからこそ、**頭を使い続けることが重要なんです。**

私のように、丸一日頭をフル回転させ、一瞬の値動きに反応することが求められる生活を続けていれば、そうそう判断力が衰えることはありません。

私の周りにも、70歳をすぎて株を始めた友人がいます。たまたま知り合ったのですが、近所に住んでいたので、株を教えるようになりました。いまもよく私の家に来ては、ああだこうだと言いながら株取引をしています。

彼は始めるのが遅かったこともあり、なかなか最初のうちは勝てず、退職金を減らしたこともあります。ただし5年、10年と諦めずにやっていくうちに、少しずつ勝てるようになってきました。

彼ももう80歳を超えましたが、立派な投資家です。「もう自分は年をとっているから」というのは、逃げ文句だと私は思いますね。

「食」と「ペット」で疲れを癒やす

私は取引時間中、疲れたからといって、たとえば腕を伸ばしたり腰をひねったりといった、株に必要のない余計な動作はほとんどしません。

私にとってデイトレードは、ワンチャンスをものにしないといけないもの。そのため、取引時間中は株以外のことはしないと決めているのです。

だからこそ、市場が開いているとき以外の時間で散歩をして体力をつけています。午前9時から11時半までの前場、午後0時半から3時までの後場と、パソコンの前に座りっぱなしで画面を凝視しているわけですから、そりゃ疲れますよ。

商いが多い日には、頭がうまく回らなくなることもあります。若い人でも私と同じように午前2時に起きて、午前も午後もパソコンの前に座りながら、身銭を切って株をやれば「しんどい」と思うはず。**けれど、「やる」と決めたら人間できるものです。**

取引時間中はガマン、ガマンですが、引け後には無理をしないことも肝心です。しんどいなと思ったら、夕方5時ごろに寝ることもあります。そうしてまた翌日の午前2時から、心機一転がんばるわけです。

私はとくに贅沢な生活を送っているわけではありません。実際に私を見てもらえばよくわかると思いますが、豪邸に住んでいるわけでもなければ、服もいいものを着ているわけでもない。むしろ着衣は長年愛用して、使用感のあるものが多いです。

買おうと思えば数億円の豪邸を買うこともできますが、決して広いわけでもない、いまのマンションで十分だと思っています。

私が気に入っている帽子は15年ほど前に数千円で購入したものです。だいぶボロボロになってきて、ほつれたところは女房に糸で縫ってもらっていますが、これがいいんです。

派手な生活はせず、15 年ほど前に買った帽子をつぎはぎしながら愛用し続けている

多少こだわりがあるとすれば、おいしいものを食べたいということ。魚や果物が好物ですが、おいしいものを食べたいですからね。

果物は何でも食べますよ。いつも女房が買いに行ってくれますが、たまには電車に乗ってうなぎを食べに行ったりね。取り寄せることも多いです。伊勢海老やフグを食べることもあります。それに、ビールを1本。時々ワインを少しいただきます。ワインは甘めが好きですね。

癒やしのペットもいます。インコのピーちゃんです。ペットショップを経営していたくらいですから、動物は好きで

愛鳥・7代目インコのピーちゃんを頭に乗せて、昼食のうどんを食べる

すし、世話には自信があります。

犬も飼いたいところですが、マンションで飼うのは難しいですからね。

ピーちゃんの言っていることは、だいたいわかります。「お腹がすいた」とか「カゴから出してほしい」とか、私に訴えかけてくるんですよ。

お昼ご飯は、一緒に食べます。ピーちゃんもそれをわかっているので、前場が引けてお昼ご飯を食べるとなれば「早くカゴから出してくれ」と鳴くんです。

ピーちゃんは7代目のインコです。7代目まで、全員がピーちゃんという名前です。いまのピーちゃんは生後2週間程度でホームセンターから買ってきました。

ピーちゃんも、私がピーちゃんの言いたいことをわかっているのを理解しているから、よく懐《なつ》いてくれています。カゴから出たら私のほうに飛んできて、肩や頭に乗ったりしますからね。

ピーちゃん用のご飯ももちろんありますが、いつも私の食べているものを食べたがります。私にとってピーちゃんは、子ども同然なんです。

「儲けたい」あなたに問う覚悟

かつて証券会社の店頭で株を売買していたときには、顔なじみの投資家もいましたが、ネット取引になってからは頻繁に会う投資家仲間というのは、ほとんどいなくなりました。いま、誰かの情報を参考にするということはありません。

日経CNBCに出てくるキャスターやアナリストも随分もっともらしいことを言いますが、もし彼らの言うことが全部当たるなら、いまごろ彼らは大儲けしていますよ。それができないからキャスターやアナリストをやっているわけです。なので、個人的には信じていません。

「たまにはいいことも言うじゃないか」と思うことがあるくらいです。

結局、信じられるのは自分だけです。証券会社の人間の言葉を信じて、そのとおりに買ったとしても、自分の何が成長するんでしょうか。

そんなビギナーズラックで儲けて、そこで株をやめるならまだしも、そういう人は自分の頭を使わない株の売買を繰り返し、いずれ大きく失敗するはずです。

空売りで失敗した日には、目も当てられません。

「株で楽して儲けたい」と考える人は多いと思います。でも、私に言わせると、そう考えている人は株に手を出さないほうがいいです。ましてやデイトレードにはね。

自分の頭を使うことができないのであれば、普通にどこかで雇われて働くほうがいいと思いますね。たいして頭を使わなくたって、毎月決まった給料をもらえるわけですから。

株は決してラクなものじゃないですよ。どれだけ勉強を重ねても、勝ち続けられるものではありません。私だっていまも読み間違えることはいくらでもあります。

70年近い経験があったって、「予想だにしない方向に値が動く」ことが普通です。

スペインには、「ソル・イ・ソンブラ」という言葉があります。意味としては「光と影」です。スペインの闘牛場では、日なた席と日陰席がちょうど半分に分かれていて、それが生と死、光と影を意味するそうです。

株も同じなんですよ。本気でやっていれば、必ず光と影が出てくる。光が濃いほど、同じだけ影も濃くなるんです。

私が2002年にネット取引を始めてからしばらくたったころ、MBS（毎日放送）の関西ローカル「ちちんぷいぷい」という、いまはもう放送していない情報番組に出させてもらったことがあります。

そのとき、ゲスト出演していた考古学者の先生から、「そんな不労所得で儲けようとせずに、ちゃんと働きなさい」と言われてしまいました。いまでも日本人は、株に「ギャンブル同然」「危ないもの」「楽して儲けられるもの」という先入観を抱いている人が多いですが、当時はなおさらでしたからね。

でも「不労所得」なんてとんでもない。収入に見合うだけの働きはしているつもりです。頭がいいからといってラクに儲けられるわけではありません。日本でいえば孫正義さんや村上世彰さんは、頭の良さでいえば別格だと思いますが、彼らだって間違うことはある。

東大を出てようが米国の大学を出てようが、そんなことは関係ないんです。

株を始めたばかりのころには、たまたま勝って小金を手にすることもあるでしょう。株は「上がるか、下がるか」なわけですから、要は丁半ばくちという側面があることは確かです。何も勉強しない状態であっても、勝つこともあります。

ただし、最初から勝ってばかりなのもよくないと思いますね。なまじ勝ってしまって、そのまま調子に乗って大金を投じてしまい、財産を失ってしまう人はたくさんいます。

ただ、株の勉強を怠らなければ、頭のいい人たちにも勝てる大きなチャンスに恵まれます。たとえ、その人たちと同じ会社に入ったとしても、出世のスピードでは大きく差をつけられるかもしれない。

けれど、**投資の世界は「仕事ができるか」とは、また別の世界です。**

もちろん、株に向いている人、向いていない人というのはいます。頭はいいほうが呑《の》み込みは早いでしょう。

ただそれ以上に重要なのが、最初は負けたとしても、「よし、勉強するチャンスをもらった」と思って「なにクソ！」と奮起できるかです。

奮起できる人は、あとにつながります。株は自分が買ったら下がり、売ったら上がることがよくあります。そういうものなんです。

そんな世界で勝負しようと思っているわけですから、「失敗してナンボ」ですよ。失敗の過程も、道が開けるまでのチャンスだと思ってぜひ楽しんでください。

いまは昔と違って、ずいぶんと株の取引が簡単な環境になりました。70年近く株の世界で生きてきて、最高の時代だと思います。この本を読んでくれた方も、興味があるなら、まずは始めてみたらいかがでしょうか。

まずはやってみる。いくらか損したとしても、そこから学びを得て、自分なりのやり方を確立させていく。この本では私のやり方をお教えしましたが、もっとインターネットを駆使するなど、やり方は人の数だけあります。

シゲルさんが大切にする相場の格言⑧

「相場師は孤独を愛す」
——株は1人でも楽しめる

利益を上げられる投資家ほど、人の話に左右されず、孤独な状態で投資をしているという格言です。インターネットを使えば簡単に情報が得られ、人脈もつくれてしまう時代ですが、その情報や人脈は本当に意味のあるものでしょうか。自分の力でとことん株と向き合うからこそ、自分の頭で考えられるようになるのです。

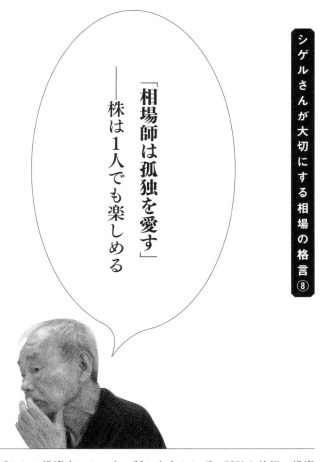

コラム⑤

先輩投資家ウォーレン・バフェットと私

この本でも何回か、「投資の神様」ことウォーレン・バフェットについて触れてきました。バフェットと私を比べるのはおこがましいですが、私とはいくつか共通点があると思っています。

1つは年をとっていること（笑）。バフェットは1930年生まれ。私より6歳年上です。そんなバフェットが現役なのですから、私が年齢を言い訳にしていいわけはありません。

投資スタイルとしても、「事業の内容を理解できる」「長期的に業績が良いことが予想される」「割安である」といった企業の銘柄を買うのは同じです。

結局、長い間株式市場から退場することのない投資家というのは、ある程度自分のスタイルはありつつも、似たような投資スタイルになっていくのではないかと思います。

あとは、**お金は副産物だと思っていること。無駄なお金を使わないこと。そ**

して、自分にウソをつかずに生きていること。

２０２３年４月、彼はインタビューにこう答えています。

「『好きなものを食べるのではなく、一生ブロッコリーとほかにいくつかのものだけを食べれば余命が１年延びる』と誰かに言われたら、私は『１年余分に生きなくていいから、自分の食べたいものを食べさせてくれ』と言うだろう。幸せであることは、寿命に大きな違いをもたらすと思う。私はホットドッグやホットファッジサンデーを食べたり、コーラを飲んだりしているときに幸せを感じる」

私自身も「もう引退したら」「身体のことを考えたら」と言われることもありますが、大きなお世話としか思いません。

私はいまこの生活を楽しんでいます。健康だけを気にして好きなこともできずに窮屈に生きるより、好きなことをやって楽しんで生きるほうが絶対にいい人生だと思います。

もちろん、バフェットとの違いもたくさんあります。まず、生まれたときの環境の違いも大きいですよね。こっちは貧乏農家、かたやバフェットは父親が証券会社を営み、下院議員にも当選しているような裕福な家庭です。

株は元手がものをいいますから、そういう意味では非常にうらやましいです。バフェットくらいの元手があれば、いまごろどれだけ資産を伸ばせたことか。けれど、それをうらやんだって何にもなりません。うらやむことにエネルギーを使うよりも、自分の頭や身体を動かしたほうがいい。自分の力で人生は切り開けるわけです。

投資手法も違いがあります。私はデイトレードが中心ですが、バフェットは長期投資を基本としています。また、私はデイトレードで常時80銘柄ほど、長期保有で20銘柄ほど保有していますが、バフェットは基本的に優れた企業を買収、あるいは株式を大量に取得する集中的な投資を行います。

けれど、この違いは投資や人生の本質からすれば、些末《さまつ》な違いだと思います。

いい会社の株を買う。株取引を楽しむ。人生を楽しむ。やっぱり、それに尽きると思います。

こんな私の姿を見て、よく「自分には無理だ」「あなただからできるんでしょう」という人もいます。けれど、私とあなたの一体何が違うんでしょうか。

私だって震災や大病を経験したり、バブルで財産を大きく減らしたりと散々な目にも遭っています。

やらない理由を挙げるのは簡単です。でも、私に言わせれば、本当にやりたいのであればやらない理由はどこにもありません。

バフェットは77歳のとき、資産を100億ドル増やしました。そんなことを聞くと、「自分もがんばらなあかん」と思います。読者のみなさんも、「あの人ががんばっているなら自分も」という存在を見つけてみると、人生に張りがでるかもしれません。

なんなら**「87歳の藤本茂という爺《じい》さんにできるなら、自分にだってできるはず」**と思ってもらえたら嬉しいですね。

あなたの人生を、私は応援していますよ。

Epilogue

株が好きなんや

この本を読んで、「この株でいくら儲けた」「この株でいくら勝った」という、株式投資の本でよくある話がほとんど出てこないことに気付いた読者の方もいるかと思います。

正直なところ、覚えていないんです。最初に買った株は70年近くも前の話になりますからしょうがないにしても、ちょっと前の話でも覚えていません。

２００２年以降であれば、ノートでいくら勝っていくら負けたかはわかりますが、それを振り返ることに意味を見出すことはできません。

デイトレードを繰り返し、勝てば資産は増えるし、負ければ減る。それだけのことです。

結果として資産が増えたり、減ったりするだけであり、資産の多寡そのものにはあまりこだわっていないんです。それに、取引を終えてしまえば、それはもう過去の話。

次の取引につなげる必要はあるにせよ、深くこだわることはありません。

人によっては、「87歳で資産を18億円も持っているなら、配当金だけで暮らしているのでは？」と思う人もいるかもしれません。

私は配当金を重視して投資しているわけではないので、平均すると2％にも満たない配当利回りですが、高配当株に替え、配当利回りを3％程度にアップするだけで、年間の配当収入は5100万円になる計算です。

これだけの収入があれば、贅沢をしても、十分に暮らしていけるでしょう。

しかし、そもそも私が株をやっているのは、お金のためというよりも、楽しいから。**資産があるといっても、そのお金はほとんどを投資に回すので、実際に現金で持っているわけでもありません。**

なので、資産が1億円であろうが100億円であろうが、生活水準もスタイルも変わらないんです。

お金のためだけであれば、デイトレードなどせず、高配当の株を買って、悠々自適の配当生活を送っているでしょう。

でも、そんな生活を送っても、私は楽しいとは思えないんです。この年になってもリスクを負ってデイトレードをすることが楽しいんですね。

金額からしたって18億円なんてかわいいものです。バフェットは14兆円ですから、桁違い。なので私は「これで十分だ」ともまったく思いません。あと5倍は、ほしいですよ。いまの状態はまだまだ〝二分咲き〟程度のものです。

あと4、5億円稼いでようやく五分咲きといったところではないでしょうか。とりあえずあと数年でもう4、5億円稼ぐことがいまの目標であり、決して不可能な数字ではないと考えています。


そこに年齢は関係ないですよ。もちろん、年をとったからできなくなったことはあります。**いまの私が肉体労働で資産を増やすのは難しいでしょう。でも、頭を使うことは、いくつになっても可能です。**

多少記憶力が衰えたとしても、取引を重ねるたびに経験値は増えていき、その経験値は間違いなく血肉となります。どれだけ頭で考えていても、実際の動きは異なります。やってみないことには話になりません。

私は高卒で大学を出ていませんが、どれだけ若く賢い人であっても、私にかなう人はそうはいません。バフェットは、私の6歳年上ですが、さすがに毎日デイトレードをしているわけでもないでしょう。

「もう引退してもいいんじゃないか」と思われる人もいるかもしれませんが、私が株をやっているのは、何度も言うように純粋に株式投資が楽しいからです。

頭を使うので、結果的に認知症予防にもなっていると思います。楽しくて、認知症防止にもなって、お金もついてくる。こんな最高の話はないと思いませんか。

私が株を引退するのは、死ぬときだと決めています。私は〝生涯現役〟の投資家なのです。

なお、最後に言っておきますが、最終的な投資判断は自己責任でなさるようにお願いします。

2023年10月

藤本 茂

藤本 茂（ふじもと・しげる）

１９３６（二・二六事件の起こった昭和11）年、貧しい農家の4人きょうだいの末っ子として生まれる。高校卒業後ペットショップに勤務。そこで証券会社勤務のお客と出会ったことから、19歳で投資を始める。その後、雀荘を経営しつつ株式投資に打ち込み、１９８６年に転換社債の投資を機に専業投資家となる。２００２年、66歳のときに生涯で初めてパソコンを買い、ネット取引を開始。いまでは取引時間中はマーケット・経済ニュース専門のチャンネル「日経ＣＮＢＣ」の株式市況の放送をつけっぱなしにしながら、3台のパソコンとモニターで常時80銘柄ほどチェック。月6億円分を売買する。デイトレードがなにより大好きで、テクニカル指標を重視し、命の続く限り現役デイトレーダーを続ける意気込み。「投資に年齢は関係ない」がモットー。１９９０年代のバブル崩壊、２００８年のリーマンショックによる激動の波乱相場も乗り越え、資産18億円を築く。テクニカル分析に経験と勘を織り交ぜ、巨額資金を運用する機関投資家にも立ち向かう。毎朝2時起きで相場に挑む投資歴68年、87歳の現役デイトレーダー。

87歳、現役トレーダー シゲルさんの教え

２０２３年11月28日　第1刷発行
２０２４年1月19日　第5刷発行

著者　藤本 茂
発行所　ダイヤモンド社
〒１５０-８４０９ 東京都渋谷区神宮前6-12-17
https://www.diamond.co.jp/
電話　０３-５７７８-７２３３（編集）
０３-５７７８-７２４０（販売）

装丁デザイン　小口翔平＋青山風音（tobufune）
本文デザイン　大場君人
編集協力　松田小牧
写真　川瀬典子、松田小牧
イラスト　カツヤマケイコ
校正　三森由紀子、鷗来堂
製作進行　ダイヤモンド・グラフィック社
印刷・製本　三松堂
編集担当　斎藤順

ISBN 978－4－478－11918－1